Journaliers

COLLECTION ARCANES DIRIGÉE PAR JOËLLE LOSFELD

De Marie-Odile Delacour et Jean-René Huleu à propos
  d'Isabelle Eberhardt :
Sables, ou le roman de la vie d'Isabelle Eberhardt, Liana Levi, 1986
Un amour d'Algérie, Joëlle Losfeld, 1998.

Correspondance d'Isabelle Eberhardt :
Écrits intimes, Voyageurs Payot, 1991, Petite bibliothèque Payot,
  1998

Déja paru aux éditions Joëlle Losfeld dans la même collection :
Au Pays des sables

À paraître :
Amours nomades
Sud oranais

© 2002, éditions Joëlle Losfeld pour la présente édition et pour
la postface, département de Mango littérature,
4, rue Caroline, 75858 Paris Cedex 17

ISBN : 2-84412-118-7

Isabelle Eberhardt

Journaliers

*Les Éditions du Centenaire
1904-2004*

*Composées par Marie-Odile Delacour
et Jean-René Huleu*

ÉDITIONS JOËLLE LOSFELD

AVERTISSEMENT

L'œuvre d'Isabelle Eberhardt (1877-1904) n'a jamais été publiée en librairie de son vivant. Il n'existe donc pas d'édition originale. Celle que nous proposons sous le titre « Les Éditions du Centenaire » se réfère aux manuscrits de l'auteur conservés aux Archives d'outre-mer à Aix-en-Provence, ou aux textes publiés dans la presse avant sa mort.

M-O. D. et J-R. H.

Les Éditions du Centenaire :
Au Pays des sables
Journaliers
Amours nomades (à paraître)
Sud oranais (à paraître)

Premier Journalier

Cagliari, le 1ᵉʳ janvier 1900.

Je suis seul, assis en face de l'immensité grise de la mer murmurante... Je suis *seul*... seul comme je l'ai toujours été partout, comme je le serai toujours à travers le grand Univers charmeur et décevant, *seul,* avec, derrière moi, tout un monde d'espérances déçues, d'illusions mortes et de souvenirs de jour en jour plus lointains, devenus presque irréels.

Je suis seul, et je rêve...

Et, malgré la tristesse profonde qui envahit mon cœur, ma rêverie n'est point désolée ni désespérée. Après ces derniers six mois si tourmentés, si incohérents, je sens mon cœur trempé à jamais et invincible désormais, capable de ne point fléchir, même à travers les pires tempêtes, à travers tous les anéantissements et les deuils. Par l'expérience profonde et subtile de la vie et des cœurs humains que j'ai acquise (au prix de quelles souffrances, mon Dieu!), je prévois bien l'étrange féerie bien triste encore que seront pour moi ces deux mois à passer ici où je suis venu échouer par hasard, en grande partie à cause de ma prodigieuse insouciance de tout au monde, de tout ce qui n'est pas ce monde de pensées, de sensations et de rêves qui représente mon *moi* réel et qui est hermétiquement clos aux yeux curieux de *tous,* sans exception aucune.

Pour la galerie, j'arbore le masque d'emprunt du cynique, du débauché et du je m'enfoutiste... Personne jusqu'à ce jour n'a su percer ce masque et apercevoir ma *vraie* âme, cette âme sensitive et pure qui plane si haut au-dessus des bassesses et des avilissements où il me plaît, par dédain des conventions et, aussi, par un étrange besoin de souffrir, de traîner mon être physique...

Oui, personne n'a su comprendre que dans cette poitrine, que seule la sensualité semble animer, bat un cœur généreux, jadis débordant d'amour et de tendresse, maintenant empli encore d'une infinie pitié pour tout ce qui souffle injustement, pour tout ce qui est faible et opprimé... Un cœur fier et inflexible qui s'est volontairement donné tout entier à une cause aimée..., à cette cause islamique pour laquelle je voudrais tant verser un jour ce sang ardent qui bouillonne dans mes veines.

Personne n'a su comprendre tout cela et me traiter en conséquence et, hélas, personne ne le comprendra jamais!

Je resterai donc obstinément le soûlard, le dépravé et le casseur d'assiettes qui soûlait, cet été, sa tête folle et perdue, dans l'immensité enivrante du désert et, cet automne, à travers les oliveraies du Sahel tunisien.

Qui me rendra les nuits silencieuses, les chevauchées paresseuses à travers les plaines salées de l'*oued* Rir'h et les sables blancs de l'*oued* Souf...? Qui me rendra la sensation à la fois triste et heureuse qui envahissait mon cœur d'abandonné dans mes campements chaotiques, parmi mes amis de hasard, les spahis ou les nomades, dont pas un ne soupçonnait cette personnalité haïe et reniée dont le sort m'a affublé pour mon malheur ?

Qui me rendra jamais les chevauchées échevelées à travers les monts et les vaux du Sahel, dans le vent d'automne, chevauchées enivrantes me faisant perdre toute notion de réalité en une superbe ivresse !

En cet instant, comme d'ailleurs à toute heure de ma vie, je n'ai qu'un désir : revêtir le plus vite possible la personnalité aimée qui, en réalité, est la *vraie,* et retourner là-bas, en Afrique, reprendre cette vie-là... Dormir, dans la fraîcheur et le silence profonds, sous l'écroulement vertigineux des étoiles, avec, pour tout toit, le ciel infini et pour tout lit, la terre tiède..., s'assoupir avec la douce et triste sensation de ma solitude absolue, et la certitude que, *nulle part en ce monde,* aucun cœur ne bat pour le mien, qu'en aucun point de la terre, aucun être humain ne me pleure ni ne m'attend. Savoir tout cela, être libre et sans entraves, campé dans la vie, ce grand désert où je ne serai jamais qu'un étranger et qu'un intrus... Voilà, en toute son *amertume* profonde, le seul bonheur que le *Mektoub* m'accordera jamais, à moi à qui le bonheur réel, celui après quoi toute l'humanité court, haletante, est à jamais refusé...

Loin de moi, les illusions et les regrets !

Quelles illusions garder encore, quand la blanche colombe qui fut toute la douceur et la lumière de ma vie est endormie là-bas, depuis deux années, dans la terre, au tranquille cimetière des Croyants d'Annéba !

Quand Vava à son tour est retourné à l'originelle poussière et quand de tout ce qui semblait si tenacement durable, rien ne reste plus debout, quand tout s'est écroulé, anéanti, pour le temps et pour l'éternité!... Et quand le sort m'a séparé, étrangement et mystérieusement, du seul être qui se soit vraiment rapproché assez près de ma vraie âme pour en saisir ne fût-ce qu'un pâle reflet – Augustin...

Et quand... Mais non! laissons s'assoupir pour toujours toutes ces choses récentes.

Désormais, je me laisserai bercer par les flots inconstants de la vie... Je me laisserai griser à toutes les sources d'ivresses, sans me désoler, si elles se tarissent toutes, inexorablement... Finies les luttes et les victoires, et les défaites d'où je sortais le cœur saignant et blessé... Finies toutes ces folies de prime jeunesse!

Je suis venu ici pour fuir les décombres d'un long passé de trois années qui vient de s'effondrer, hélas, dans la fange et si bas, si bas... Je suis venu ici aussi par amitié pour l'homme rencontré par hasard, que le Destin a mis sur mon chemin au moment précis d'une crise – *s'il plaît à Dieu*, la dernière – où je n'ai point succombé, mais qui menaçait d'aller fort loin...

Et, chose étrange, de ce que j'ai constaté aujourd'hui et de ce qui m'a causé une tristesse sans bornes, ressort un changement absolu de sentiment pour...

Mon amitié en a été accrue... Tant mieux! Mais *d'illusion,* dès le premier jour, dès la première heure, point!

Je vois que, une fois de plus, je commence à me perdre dans *l'indicible,* dans ce monde de choses que je ressens et que je comprends si clairement et que je ne sus jamais exprimer.

Cependant, malgré que toute ma vie ne fût qu'un tissu de douleurs et de tristesses, je ne maudirai jamais cette lamentable vie et ce triste univers... où l'Amour côtoie la Mort et où tout est éphémère et transitoire.

Car l'un et l'autre m'ont donné de trop profondes ivresses, de trop douces extases, trop de rêves et de pensées.

Je ne regrette ni ne désire plus rien... *J'attends.*

Ainsi, nomade et sans autre patrie que l'Islam; sans famille et sans confidents, seul, seul pour jamais dans la solitude altière et sombrement douce de mon âme, je continuerai mon chemin à travers la vie, jusqu'à ce que sonne l'heure du grand sommeil éternel du tombeau...

Mahmoud Essadi.

Et l'éternelle, la mystérieuse, l'angoissante question se pose une fois de plus : où serai-je, sur quelle terre et sous quel ciel, à pareille heure, dans un an?... Bien loin sans doute de cette petite cité sarde... Où? et serai-je encore parmi les vivants, ce jour-là?...

Cagliari, le 9 janvier.

Impressions, 1900.
Jardin public, vers 5 heures du soir.

Paysage tourmenté, collines aux contours rudes, rougeâtres ou grises, fondrières profondes, chevauchées de pins maritimes et de figuiers de Barbarie, gris et mornes. Verdures luxuriantes, presque déconcertantes en ce milieu d'hiver. Lagunes salées, surfaces d'un gris de plomb, immobiles et mortes, comme les *chott*[1] du Désert.

Puis, tout en haut, une silhouette de ville, escaladant la colline ravinée et ardue... Vieux remparts, vieille tour carrée et crénelée, silhouettes géométriques de toits en terrasses, le tout d'un blanc roussi uniforme se profilant sur un ciel indigo.

Presque tout en haut, encore et encore de la verdure, des arbres aux immuables feuillages. Casernes en tout semblables à celles d'Algérie, longues et basses, couvertes en tuiles rouges, aux murs décrépis et lépreux, dorés eux aussi comme tout le reste.

Des murs badigeonnés en rose ardent ou en rouge sang, ou en bleu de ciel comme les maisons arabes... Vieilles églises obscures et remplies de sculptures et de mosaïques de marbre, luxueuses en ce pays de misère sordide. Passages voûtés, où les pas résonnent durement, éveillant des échos sonores. Ruelles enchevêtrées, montant, descendant, parfois coupées d'escaliers en pierre grise, et, par l'absence de roulage dans la haute ville, les petits pavés pointus sont recouverts de fines herbes étiolées, d'un vert presque jaune.

Portes ouvrant sur de grandes caves en contrebas, où nichent des familles de miséreux, dans l'ombre et l'humidité séculaires. D'autres, sur des vestibules voûtés, sur des escaliers de faïence.

Boutiques aux petits étalages aux criardes couleurs, échoppes orientales, étroites et enfumées, d'où sortent des voix nasillardes, traînantes...

---

1. Les termes arabes en italique sont traduits en fin de volume. Il y a de nombreuses variantes dans la transcription de l'arabe par I.E.

Par-ci, par-là, un jeune homme adossé contre un mur s'entretenant par signes avec une jeune fille penchée du haut de son balcon...

Paysans coiffés de longs serre-têtes retombant sur le dos, en veste noire à fripe, plissée par-dessus le pantalon de calicot blanc. Figures barbues et bronzées, yeux enfoncés profondément sous les sourcils épais, physionomies méfiantes et farouches, tenant du Grec montagnard et du Kabyle, par un étrange mélange de traits.

Les femmes, beauté arabe, grands yeux très noirs langoureux et pensifs... Expression résignée et triste de pauvres bêtes craintives.

Mendiants au ton pleurard et obséquieux, assaillant l'étranger, le suivant, le harcelant partout où il va... Chansons infiniment tristes ou refrains devenant une sorte d'obsession étrangement angoissante, cantilènes rappelant à s'y méprendre ceux de là-bas, de cette Afrique que tout, ici, rappelle à chaque pas et fait regretter, plus intensément.

Cagliari, 18 janvier, jeudi 5h 1/2 soir.

Depuis que je suis ici, dans le calme assoupissant de cette vie que le hasard, ou plutôt la destinée a subitement mise sur mon chemin aventureux, chose étrange, les souvenirs de *la Villa Neuve* hantent de plus en plus ma mémoire... les bons comme les mauvais... Je dis les bons, car il ne faut pas être injuste, à présent que tout cela est bien fini et bien mort, envers la pauvre boîte... Il ne faut pas oublier qu'elle abrita la bonté et la douceur de maman, les bonnes intentions, jamais réalisées, de Vava… et surtout, tout ce monde chaotique de mes rêves à moi. Non, pas de malédiction à cette vie de jadis. Quelles heures bénies n'y ai-je pas connues, malgré tout, malgré la captivité et les ennuis, et les injustices ! Depuis que j'ai quitté pour toujours cette maison où tout s'est éteint, où tout était mort avant de tomber définitivement en ruines, ma vie n'est plus qu'un rêve, rapide, fulgurant, à travers des pays disparates, sous différents noms, sous différents aspects.

Et je sais bien que cet hiver plus calme que je passe ici n'est qu'un arrêt dans cette existence-là, qui doit rester la mienne jusqu'au bout.

Après, dans peu de jours, la vraie vie, errante et incohérente, reprendra. Où ? Comment ? Dieu le sait ! Je ne puis même plus oser faire des suppositions et des hypothèses là-dessus après que, au moment où je prenais la résolution de rester encore des mois et des mois à Paris, je me suis trouvée à Cagliari, dans ce coin perdu du monde, auquel je n'ai jamais pensé, pas plus qu'à n'importe quel autre recueilli par mon œil distrait sur la carte du monde habité.

Après cela, finies les suppositions et les hypothèses.

Il y a cependant une chose qui me réjouit : à mesure que je m'éloigne des limbes du passé, mon caractère se forme et s'affirme justement tel que je le souhaitais. Ce qui se développe en moi, c'est l'énergie la plus opiniâtre, la plus invincible et la droiture du cœur, deux qualités que j'estime plus que toute autre, et, hélas, si rares chez une femme.

Avec cela, et quatre mois de vie au désert fort probable pour ce printemps, je suis sûre de devenir quelqu'un… et, par là même, d'atteindre tôt ou tard le but sacré de ma vie : la vengeance ! Vava me recommandait toujours de ne pas oublier la tâche que maman nous a léguée, à lui, à Augustin et à moi... Vava est mort ; Augustin n'est point né pour cela, et il s'est engagé à jamais dans les sentiers battus de la vie... Il ne reste plus que moi.

Heureusement que toute ma vie passée, toute mon adolescence ont contribué à me faire comprendre que le tranquille bonheur n'est point fait pour moi, que, solitaire parmi les hommes, je suis destinée à une lutte acharnée contre eux, que je suis, si l'on veut, le bouc émissaire de toute l'iniquité et de toutes les infortunes qui ont précipité à leur perte ces trois êtres : Maman, Wladimir et Vava.

Et, maintenant, je suis entrée dans mon rôle. Je l'aime plus que tout bonheur égoïste, je lui sacrifierai tout ce qui m'est cher. Ce but-là sera toujours mon point de direction à travers la vie.

J'ai renoncé à avoir un coin à *moi*, en ce monde, un *home,* un foyer, la paix, la fortune. J'ai revêtu la livrée, parfois bien lourde, du vagabond et du sans-patrie. J'ai renoncé au bonheur de rentrer chez soi, de trouver des êtres chers, le repos et la sécurité.

Pour le moment, j'ai l'illusion, en ce provisoire foyer de Cagliari où je me retrouve avec une douce sensation, de voir un être que j'aime bien réellement, et dont la présence m'est, insensiblement, devenue une des conditions de bien-être... Seulement, ce rêve-là, aussi, il sera court : après, il faudra, pour des pérégrinations dures et périlleuses, redevenir seul et abandonner la somnolente quiétude de la vie à deux.

17

Mais cela *doit* être, et cela sera. Et, il y aura au moins dans la nuit d'une telle vie, la consolation de savoir que, ne fût-ce qu'au retour, je trouverai peut-être encore un ami, un être vivant qui sera heureux de me revoir…, ou tout au moins content… Seulement, il y a cette terrible chose : la *séparation* assez prolongée pour donner lieu à des rencontres… Et peut-être trouverai-je un jour ma place prise. C'est même fort probable, étant donné ses idées sur la femme et le mariage. Il serait bien singulier s'il ne rencontrait jamais la compagne qui les partagerait, ses idées si opposées aux miennes. Oh, je sais bien que, pendant qu'il sera un errant et un exilé, cette compagne-là ne se trouvera pas, à moins qu'il ne se contente de se savoir de par le monde une épouse qui, si elle l'aime, tremblera pour lui aux heures de danger, *de loin,* bien à l'abri et bien au chaud.

Quant à celle *qui,* comme moi, serait justement là aux heures mauvaises et que rien n'arrêtera, celle-là, il ne la trouvera pas.

Mais après, cette époque transitoire passée, il sera pris, comme Augustin et comme tout le monde, de la nostalgie du repos et du foyer domestique.

Ce jour-là, je pourrai reprendre ma course à travers le monde, avec la triste certitude de trouver toujours inexorablement vide la chambre d'hôtel, le *gourbi* ou la tente qui serviront d'asile temporaire à mon existence de nomade. *Mektoub!*

Jouissons du moment qui passe et de la griserie qui bientôt sera dissipée… La même fleur ne s'épanouit pas deux fois, et la même eau ne baigne pas deux fois le lit du même ruisseau.

Pourquoi ne pas avoir confiance en cet ami ? Pourquoi le juger avant de l'avoir vu à l'œuvre et surtout pourquoi lui attribuer des idées sur le mariage et le repos domestique qu'il n'a pas ?

Sa vie sera toujours une vie de luttes pour des idées nobles entre toutes, dans tous les cas il sera toujours le soldat de la Sainte Cause de l'Islam, toujours il sera debout, tel un roc au milieu des ruines de la décadence de ses compatriotes.

Non, il ne se mariera jamais. Néanmoins son bonheur sera de reposer sa tête d'exilé sur le sein d'une véritable amie.

Son bonheur sera d'avoir un cœur qui battra à l'unisson du sien et d'avoir une affection et une âme tendre à qui il confiera ses peines et ses joies. Cette amie, ce cœur, cette âme, il croit les avoir trouvés en toi. Pourquoi donc douter ?

« Pourquoi la vie humaine ne finit-elle pas comme les automnes d'Afrique, par un ciel clair avec des vents tièdes, sans décrépitude ni pressentiments ? » (Eugène Fromentin, *Une année dans le Sahel.*)

Noté à Cagliari, le 1ᵉʳ janvier 1900, en un moment de tristesse infinie et sans motifs réels.

Cagliari, le 29 janvier 1900.

> *Perché afrettar l'arrivo*
> *Della giornara negra ?*
>
> *Nei Rot! miei t'allegra,*
> *O brevemento vivo !*

Le court rêve de tranquille recueillement, dans la vieille cité sarde, sous un ciel doucement pensif et clément, au sein de ce paysage tout africain, est fini.

Demain à pareille heure, je serai déjà très loin des rochers cagliaritains, là-bas, sur la mer grise qui, depuis des jours et des jours, gronde et déferle...

Cette nuit, les échos de Cagliari retentissaient du tonnerre qui grondait... Aujourd'hui, la mer a pris son plus sinistre aspect ; elle a des reflets vitreux ou livides... Tout est fini, ici, et, demain je vais partir pour recommencer la lutte sinistre, la lune acharnée qui se poursuit sur une tombe fermée depuis huit longs mois, sur une vie abolie et retournée à l'originel mystère...

Et, ce soir, en cette tombée de nuit grisâtre, dans notre chère case désolée, dévastée et livrée au désordre du départ, je ressens cette tristesse profonde qui accompagne les changements d'existence, les successifs anéantissements qui, insensiblement, nous conduisent au grand anéantissement définitif.

Et quelle sera cette nouvelle époque de ma vie ?

Le 30, à 4h 1/2 soir. – Le *Mektoub* a retardé de quelques heures mon départ. Mais aussi l'horizon s'est assombri.

Genève, le 27 mai 1900, 9h 1/2 soir (dim.).

Voici, une fois de plus, que je date ce triste journalier de cette ville maléficiée où j'ai tant souffert, qui a manqué me coûter la vie.

J'y suis à peine depuis une semaine, que je ressens l'oppression morbide de jadis, et que j'aspire à la quitter pour jamais.

J'ai revu, sous le ciel bas et couvert, la demeure malchanceuse, close et muette, perdue dans les herbes folles, comme plongée en un rêve funèbre et morose.

J'ai revu la route, la blanche route, blanche comme une rivière d'argent mat, droite comme une flèche, et qui s'en va vers le grand Jura mélancolique, entre les grands arbres de velours.

J'ai revu les deux tombes, dans l'incomparable décor de ce cimetière infidèle, en terre d'exil, si loin de l'autre colline sacrée d'éternel repos et d'immuable silence...

Et je me sens étranger absolument, et à jamais, sur cette terre que je quitterai demain et où j'espère ne jamais revenir.

Ce soir, insondable, indicible tristesse et résignation de plus en plus absolue en face de l'inéluctable Destin...

Quels rêves, quelles féeries et quelles ivresses me réserve encore l'avenir?

Quelles joies... bien problématiques, et quelles douleurs certaines?

Et quand sonnera donc enfin l'heure de la délivrance, l'heure du repos final?

Avril 1900. Paris.

Aperçu, un soir, à la clarté vague des étoiles et des réverbères, les silhouettes blanches des croix du cimetière Montparnasse se profilant comme des fantômes, sur le noir velouté des grands arbres... Et songé que toute l'haleine puissante de Paris grondant à l'entour ne parvenait point à troubler l'ineffable sommeil des inconnus qui dormaient là...

Deuxième Journalier

« Au nom du Dieu puissant et miséricordieux ! »

Gia non si deve a te doglia ni pianto
Chi si muori nel mondo nel ciel renasci

« Épitaphe recueillie sur un tombeau au petit cimetière de Vernier, le 4 juin 1899, lors de mon dernier pèlerinage à la tombe de Vava, le jour de mon départ de Genève. »

« Paix à vos cendres, à ceux qui sont couchés là-bas dans la lointaine terre étrangère, et à toi qui reposes sur la colline sacrée, au-dessus du flux éternel de la Méditerranée bleue… »

« Ce n'est pas moi qui écris ; ma main est guidée par toi qui m'aimes, et chaque son discordant t'aurait torturée dans ton repos. »
Et tout fut encore comme aux anciens jours…

P. Loti. *Le Mariage de Loti.*

Genève, le 8 juin 1900.

Retour du cimetière de Vernier.
Tristesse infinie.

> « L'esprit s'endort avec l'habitude des voyages ; on se fait à tout, aux sites exotiques les plus singuliers, comme aux visages les plus extraordinaires. À certaines heures pourtant, quand l'esprit s'éveille et se retrouve lui-même, on est frappé tout à coup de l'étrangeté de ce qui vous entoure. »
>
> P. Loti. *Le Mariage de Loti.*

La colline funéraire, là-bas, au-dessus du grand golfe bleu de l'inoubliable Annéba, devait dormir aujourd'hui sous l'ardente lumière des journées d'été finissantes, en Afrique... Les tombes de marbre blanc ou de faïences multicolores devaient sembler autant de fleurs éclatantes parmi les grands cyprès noirs, les vignes vierges, les géraniums géants à fleurs de sang ou de chair pâlissante, et les *keram* du pays barbaresque...

Et moi, en ce même instant, revenu ici, pour un temps très court, sur la terre d'exil, j'étais assis sur l'herbe rase d'un autre cimetière... En face des deux tombes grises où les herbes folles du printemps ont poussé, je songeais à l'autre, à la blanche tombe musulmane où repose l'*Esprit blanc*... Et je pensais, une fois de plus, au grand mystère des vies anéanties, au sein de l'immuable Nature... Les oiseaux chantaient, innocents et paisibles, au-dessus de l'innombrable poussière humaine accumulée là...

Chose très singulière : mes *Journaliers,* toutes les notes que j'ai prises jusqu'ici pourraient se résumer en ces quelques mots, si peu nombreux, si simples : « Constatations, sans cesse répétées, de l'insondable tristesse qu'il y a au fond de mon âme, au fond de ma vie; allusions, de plus en plus vagues, non pas aux êtres rencontrés, aux faits observés, mais uniquement aux impressions toujours tristes ou mornes, que ces êtres et ces faits produisent sur moi. »

Notation inutile et funèbre, d'une monotonie désespérante.

La note de la joie et même de l'espérance y fait absolument défaut.

La seule chose consolante que l'on puisse y découvrir, c'est la croissante *résignation* islamique...

En mon âme, je remarque *enfin* le commencement de *l'indifférence* envers les choses et les êtres *indifférents,* ce qui est l'affirmation plus puissante de mon moi.

Je trouve bas et indigne de moi cette importance trop longtemps attribuée à de misérables choses, à des rencontres inutiles et insignifiantes...

Même la constatation – achevée ce soir – de ma *radicale inaptitude à faire partie d'une coterie quelconque, d'être à l'aise parmi des êtres* réunis non par un hasard passager, mais bien par une vie commune, même cette consécration du sort, pressentie depuis longtemps, qui me condamne fatalement à la solitude, – même cela qui m'eût cruellement fait souffrir jadis, ne m'afflige pas [2]... Est-ce

---

2 « Aujourd'hui, après quatre ans de souffrance, bien moins encore. Alger, 8 avril 1904. » *(Note en marge, au crayon.)*

d'ailleurs vraiment un mal ? N'est-ce point un enseignement du sort qui, comme à tous les points de vue, semble vouloir grandir mon âme dans la solitude et la douleur ?

« ... Mais l'adversité est la pierre de touche des âmes et ceux qui n'ont pas souffert sont incapables de faire de grandes choses. »

Pour le moment, mes *desiderata* me sont au moins clairs : je voudrais que celui qui a écrit les quelques mots que j'ai cités plus haut, celui qui, plus directement, me les a dits de vive voix les derniers jours, à Paris – le jour de ma dernière confession –, ait compris ce que je lui ai dit et ce que je lui ai écrit..., et je voudrais ensuite qu'il me donne, au plus vite, l'occasion d'agir, de faire ces *grandes choses* qui semblent, tout comme moi, l'enivrer profondément, délicieusement...

Je voudrais voir cet homme-là me sourire comme lui seul sait le faire, et l'entendre me dire, sur ce ton du jour où je lui ai presque ouvert mon cœur : « Allez, Mahmoud, accomplir de grandes et belles choses... Soyez un héros... »

Chose étrange, toutes ces paroles chantantes de la Foi et de la Gloire ne sonnent pas, n'ont jamais sonné faux à mon oreille pourtant exercée, dans la bouche de cet intellectuel, le seul chez qui je n'aie jamais trouvé de dissimulation, d'hypocrisie ou d'incompréhension.

Certes, de tous ceux que j'ai rencontrés sur mon chemin, celui-là, dont l'image chère est devant moi, est le plus charmeur de tous, et son charme est le plus élevé, le plus beau qui soit : il parle à l'âme, et non aux sens, il exalte ce qu'il y a de grand et assoupit ce qu'il y a de bas et de vil... Certes, jamais personne n'a eu une si puissante action sur mon âme, *en bien.* Personne n'a su comprendre et réconforter ces choses bénies qui ont commencé à germer en moi, lentement, mais sûrement, depuis la mort de l'*Esprit blanc* : la foi, le repentir, le désir du perfectionnement moral, le désir de la gloire noblement *méritée,* le désintéressement, la volupté honteuse de ma souffrance et de mon renoncement, et la soif des grandes et belles actions.

Je le juge et je l'aime tel que je le connais jusqu'ici. L'avenir me dira si j'ai été clairvoyant, si je l'ai compris tel qu'il est réellement, ou si, une fois de plus, je me suis trompé. Je n'affirme rien, mais rien n'a, jusqu'à présent, fait naître en moi le moindre soupçon. Et cependant, ma méfiance est devenue terrible, invincible, depuis Samuel surtout. L'affaire du *Naïb* pourra être la pierre de touche de cette âme. Je suis sûr que ce qu'il fera, il le fera de son propre chef, sans se laisser influencer soit par Abd-el-Aziz, soit par qui que ce soit d'autre. D'après ce qu'il fera en cette occasion, je pourrai probablement acquérir la *certitude* tant cherchée.

J'attends donc, en toute âme et conscience, les événements pour prononcer mon jugement sur cet homme… Si je n'ai pas fait fausse route, j'ai bien des chances de salut *moral.*

Au contraire, si lui aussi n'est que dissimulation et feinte, il me sera désormais impossible de croire en qui que ce soit parmi les hommes que je rencontrerai à l'avenir.

Ce sera fini et bien fini, car, si ce que je considère comme la pureté même cache une souillure, si ce qui me semble être la beauté vraie recouvre la hideur tant de fois rencontrée, si la lueur que je prends pour celle, bienfaisante, d'une étoile indicatrice ou d'un phare dans le dédale noir de la vie n'est qu'un jeu trompeur destiné à induire le voyageur en de fatales erreurs, qu'aurai-je à attendre encore ?

Mais, encore une fois, jusqu'à présent, rien, absolument rien ne parle en faveur de cette hypothèse cruelle... Tel que je le crois, il me causera peut-être de grandes, mais de belles souffrances... il sera peut-être celui qui m'aura envoyé à la mort, mais il ne m'occasionnera pas la suprême rancœur du désenchantement.

Genève, le 15 juin 1900.

> « Placez-vous sur les chemins, regardez, et demandez quels sont les anciens sentiers, quelle est la bonne voie ; marchez-y et vous trouverez le repos de vos âmes. »
> (Jérémie, VI, 16).

Encore dans les grisailles du temps présent, encore un rêve, encore une ivresse nouvelle...

Quelle en sera la durée ? Quand en sonnera le glas ? Quel en sera le lendemain ? Cependant le souvenir de ces quelques jours *meilleurs* et plus *vivants* me demeurera à jamais cher, car voilà encore quelques instants arrachés à la désespérante banalité de la vie, quelques heures de sauvées du néant.

Je ne me sentirai jamais attiré que vers les âmes qui soufflent de cette haute et féconde souffrance qui a nom le mécontentement de soi-même, la soif de l'Idéal, de cette chose mystique et désirable qui doit embraser nos âmes, les élever vers les sphères sublimes de l'au-delà... Jamais la sérénité du but atteint ne m'attirera, et, pour moi, les êtres vraiment supérieurs en ce monde, tel qu'il est de nos jours, sont ceux qui soufflent du mal sublime de l'enfantement perpétuel d'un *moi* meilleur.

Je hais celui qui est satisfait de lui-même et de son sort, de son esprit et de son cœur.

Je hais l'imbécile jactance du bourgeois *sourd, muet et aveugle, et qui ne reviendra pas sur ses pas...*

Il faut apprendre à *penser*. C'est douloureux, c'est long, mais sans cela, rien à attendre au point de vue du bonheur individuel, de ce bonheur qui, pour de tels êtres, ne peut provenir que de l'existence d'un *monde spécial,* d'un monde fermé, qui devrait nous faire vivre et nous suffire.

...Il est impossible à dire combien je me méprise et je me hais de ce trait inepte de mon caractère : le besoin de voir des gens, même indifférents, de prostituer mon cœur et mon âme en des explications écœurantes.

Pourquoi, au lieu de chercher en moi-même les satisfactions dont mon âme a besoin, vais-je les chercher chez les autres, là où je suis sûre de ne pas les trouver ?

Oh ! ne pourrai-je donc réagir contre cela, me débarrasser de cet inutile fatras qui empêtre encore ma vie ? Sauf avec de très rares êtres, la communion intellectuelle est impossible. Pourquoi chercher volontairement les désillusions, alors ?

...De tous les êtres qui ne sont point d'accord avec moi sur certains points capitaux, la foi, l'amour, etc., etc., il en est deux que je ne puis ne pas aimer du plus profond de mon cœur, envers lesquels je ne puis être indifférente : mon frère et Véra.

Et je souffre sincèrement de ce que cette dernière ne comprend, par exemple, pas ce qui vient de se passer, de ce qu'elle ne croit pas ce que je lui jure pourtant, que le souvenir de ces quelques jours d'intimité avec Archavir, jours suivis, comme il le disait hier, d'une amitié pour toute la vie, de près ou de loin, restera parmi les plus chers souvenirs de ma vie.

Idées littéraires

Pour débuter, il me semble qu'il est urgent de soigner avant tout le côté artistique, le côté de la *forme*. *Rakhil,* plaidoyer en faveur du Coran contre les préjugés du monde musulman moderne (n'intéressera pas). *Rakhil,* chanson de l'éternel amour, belle de forme, chantante en ses phrases et chatoyante en ses images, grisera bien des âmes voluptueuses ou simplement éprises d'art, ce qui revient en somme presque au même.

Une image frappante de tout ce qu'est devenue, et de tout ce que sera probablement toujours ma vie, cette enseigne *Chambre à louer* là, à la fenêtre de cette misérable chambre où je vis entre un lit de camp et les papiers et mes rares livres. C'est ironique, et c'est triste.

Rien, dans mes logements de hasard, ne saurait exprimer plus clairement ma profonde solitude, mon abandon absolu au milieu du vaste univers…

Quelles heures de découragement, de tristesse lourde et sans charmes !

Genève, le 16 juin 1900.

Le lendemain, 3 heures soir.

Après une nuit de souffrance, une matinée étrange…
Je vois que je ne puis écrire en ce moment.
Je noterai seulement le mot de la situation : désir, purement intellectuel, de modifier ma conduite en mieux, de travailler… mais sans entrain aucun, ni pour l'un, ni pour l'autre… Grisaille.

> *(arabe) Pouah! pour la vie et pour les jours — car elle a été créée pour la douleur;*
> *Les soucis ne sont pas interrompus un instant — pour un roi de la terre ni pour un esclave.*
> *Quel étonnement pour la vie et pour ce qui a rapport à elle!*
> *Voilà une ennemie des hommes qui est aimée par eux!*
> *Je vous ai quitté, et mon cœur ne cesse pas d'être auprès de vous;*
> *Et la douceur de la vie, après votre départ, est devenue amertume;*
> *Et l'écran de la séparation s'est placé entre moi et vous,*
> *Comme entre le vivant et le mort se place le tombeau!*

Et tout à coup, voilà qu'un spahi, au milieu de ce débordement d'insanités tapageuses, lève un verre de champagne et porte ce toast inattendu : — À ceux qui sont tombés à Mecké et à Bobdiarah. Bien bizarre, ce toast, que l'auteur de ce récit n'a pas inventé; bien imprévue cette santé portée! Hommage de souvenir, ou plaisantcrie sacrilège à l'adresse de ceux qui sont morts?… Il était très ivre, le spahi qui avait porté ce toast funèbre, et son œil flottant était sombre.

Le même jour.

Avant-hier en écrivant ces mots : *dans un ḳsour de l'*oued *Igharghar lointain,* j'ai soudain senti naître et s'affermir en moi la résolution de partir, coûte que coûte, pour Ouargla, de tenter encore de m'enfermer, pour des mois, dans le grand silence du Désert, de me faire à cette vie lente et rêveuse de là-bas[3].

Rien ne s'y oppose en somme.

Je m'y rendrai même sans lettres d'Abd-el-Aziz, au besoin. Mes petits moyens d'existence me permettront tout de même de vivre là-bas aussi bien que faire se peut, aussi bien qu'il est désirable de vivre.

Chose étrange, je n'ai point oublié tout ce que j'ai souffert là-bas, les privations inouïes, la maladie...

Et cependant, ce sera uniquement par la faute de circonstances adverses. Et cette issue-là me plaît beaucoup, maintenant.

Cette dure vie du Désert, un peu moins fatigante, puisque je ne serai pas obligé de veiller de nuit, achèvera mon éducation d'homme d'action, cette éducation spartiate qui est une arme indispensable dans ma position...

Et quelles voluptés amères : les adieux ici d'abord, avec cette Véra que j'aime de tout mon cœur, qui est l'être le plus largement humain qui se puisse rencontrer, avec cet

---

3. « En souvenir de ce 19 juin 1900, date fatidique. Et voici comment inconsciemment, par une inspiration certes, s'est décidé mon sort, comment, tout à coup, surgissant des ténèbres de mon âme d'alors m'est apparue la voie à suivre, celle qui devait, des mois plus tard, aboutir au jardin du Bir-Azélir, à Slimène, à mon entrée parmi les *ḳhouan*, à Behima et au salut. Marseille, 23 juillet 1901, mardi 11 h 1/2 soir. » *(Note d'I. E., en marge.)*

étrange Archavir qui me donne de si singulières heures à la fois d'une amertume et d'une douceur infinies...

Puis, à Marseille, la scène solennelle de l'embarquement et des adieux avec ce frère qui me fait vivre en ce monde...

Puis, le triste et doux pèlerinage d'Annéba... la colline sacrée où est sa tombe...

Puis, Batna, où tant de souvenirs reportent souvent ma mémoire nostalgique...

La brûlante Biskra où je passai jadis de si charmantes heures, le soir, devant les cafés maures...

Et la route ardue et embrasée de l'*oued* Rir'h aride...

Et la triste Touggourt endormie sous son suaire de sel, au-dessus de son *chott* obscur...

Puis, cette Ouargla inconnue, à l'entrée du néant mystérieux du grand Sahara, de cette vallée de l'oued l'Igharghar au nom étrange qui nous faisait rêver, jadis...

« Les amis sont comme les chiens : cela finit mal toujours, et le mieux est de n'en pas avoir » (Aziyadé).

En souvenir des Souk-el-Haljémine et Elassar de Tunis :

« Être batelier en veste dorée, quelque part au sud de la Turquie, là où le ciel est toujours pur et le soleil toujours chaud... Ce serait possible après tout, et je serais là moins malheureux qu'ailleurs » (Aziyadé).

Noté à Genève, le lundi 25 juin 1900.

15 juin. « Plus nous allons, moins nous pouvons jouer par politesse la fatigante comédie du monde, que tous jouent si naturellement et sans aucun effort, etc. » (*Journal des Goncourt,* t. 1, p. 194-195).

Genève, le 27 juin 1900, merc.

Après un entretien intéressant avec Véra, je ressens une fois de plus, mais avec une intensité de plus en plus ardente, la nécessité de travailler – énormément – le champ presque inculte, presque en friche, de mon intelligence, beaucoup plus en retard que celui de mon âme.

Développer cette intelligence, c'est un travail écrasant, surtout maintenant. Mais il me semble aussi que les fruits en seraient si surprenants, que j'en serais stupéfait, moi tout le premier. Voici le rêve du moment… sera-t-il jamais réalisé ?

Aller là-bas, à Ouargla, au seuil du grand océan de mystère qu'est le Sahara et m'y fixer, y *fonder ce foyer qui, de plus en plus, me manque* [4]. Une petite maison en *toub,* à l'ombre des dattiers. Quelques cultures dans l'oasis, Ahmed pour domestique et compagnon, quelques braves bêtes pour réchauffer mon cœur, un cheval peut-être – un rêve, cela avec le temps, et des livres.

Vivre d'une existence double, celle souvent aventureuse du Désert, et celle, calme et douce, de la pensée, loin de tout ce qui peut la troubler [5].

Venir de là-bas, parfois, auprès d'Augustin, et à Paris… Paris, retourner en cette Thébaïde silencieuse…

M'y créer une âme, une conscience, une intelligence, une volonté.

---

4. « Encore une prophétie dont j'ignore le sens ! Mars 28, 1901. » *(Note d'I. E., en marge.)*

5. « Ce rêve s'est réalisé au-delà de tout espoir et s'est couronné, sept mois plus tard, à Behima. Mars 23, 1901. » *(Note d'I. E., en marge.)*

Là s'accomplirait certes en moi une floraison superbe de cette foi islamique dont j'ai tant besoin et qui, ici, pâlit...

Un rêve réalisable en principe, cela... sera-t-il réalisé ? *That is the question !*

Ce cahier me remplacera un jour peut-être toute une bibliothèque, toute une foule de livres inaccessibles en mon errante et désormais pauvre vie.

Pour celui qui, par hasard un jour, se donnerait la peine de le lire, il serait aussi un miroir fidèle de tout le processus de plus en plus rapide de mon développement, peut-être presque définitif déjà...

Les citations elles-mêmes, qui s'y rencontrent à chaque pas, peignent les états d'âme différents que je traverse...

Personnalité intéressante que celle de Saadi-Ganéline, représentant cette vie si souvent rêvée du bohème intellectuel ouvrier et vagabond...

« Des yeux qui semblent les yeux du soir » *(Journal des Goncourt*, II).

Samedi 30 juin 1900.

Après deux journées d'ennui mortel (hier et aujourd'hui) et de souffrance physique, je tâche de me remettre au travail...

J'éprouve de plus en plus de dégoût pour ce second *moi*, voyou et dégingandé moralement, qui fait son apparition de temps en temps. Curieuse chose à remarquer : ce personnage-là apparaît généralement, sinon toujours (chose à observer postérieurement) sous l'influence d'agents purement physiques. Ainsi, un état de santé amélioré produirait une amélioration sensible de ma vie intellectuelle et morale…

Avant-hier soir, longue discussion avec Archavir sur la question – éternelle entre nous – de la jouissance. Je soutiens ma théorie : diminuer les besoins et, par là, éviter le plus possible les désillusions et aussi l'émoussement de la sensibilité par les sensations désagréables et l'aigrisssement du caractère.

Archavir soutient au contraire qu'il faut développer ses besoins, puis, avec la dernière énergie, travailler à leur assouvissement. Il voit là *le gage de l'auto-perfection*.

L'idée me vient à l'instant de faire une dissertation sur ce sujet. L'on pourrait la publier dans *L'Athénée*.

Trouvé, avant-hier, lors d'une conversation avec Véra, le moyen de me tirer de l'imbroglio qui rendait l'exécution de *Rakhil* presque impossible.

En résumé, je traverse de nouveau une époque d'incubation intellectuelle qui, je crois, sera la plus féconde de ma vie jusqu'à ce jour.

La lecture du *Journal des Goncourt* m'a fait le plus grand bien. Il faudra profiter de mon séjour à Marseille pour lire et noter les autres volumes.

Jusqu'à présent, j'ai recherché les lectures qui font rêver et sentir. De là cette hypertrophie du sens poétique au détriment de la pensée pure.

Le *Journal des Goncourt* est un livre qui fait penser, *profondément*. Chercher d'autres lectures semblables et profiter de mon séjour ici pour parler et pour discuter, tant qu'il y a encore de la société autour de moi…

Pourquoi la conscience, très nette, de *l'inutilité* absolue de certains actes de ma vie – combien nombreux, hélas ! – de leur *ineptie* et du *réel danger* qu'ils présentent au point de vue de mon avenir n'est-elle pas assez puissante pour réagir sur ma volonté et enrayer l'exécution de ces actes ?

Question à étudier, afin de savoir comment y remédier.

« Maintenant, il n'y a plus dans notre vie qu'un grand intérêt : l'émotion de l'étude sur le vrai. » Sans cela l'ennui et le vide... *(Journal des Goncourt,* II).

Noté le 30 juin, 8 heures soir.

Chose singulière que je ressens de plus en plus, en écrivant : mon sujet, plus je le développe, plus je le finis, plus il *m'ennuie* et, de là, ces doutes si décourageants sur l'intérêt qu'il peut présenter sur le lecteur.

Ainsi, sans exagération, je ne sais plus si *Rakhil* n'est pas qu'un agglomérat infâme de documents de police mal rédigés.

De là, besoin de lire à un autre, de *s'objectiver*... Certes, si mon livre produisait sur l'ensemble des lecteurs l'impression qu'il produit sur moi actuellement, personne ne lirait au-delà de la seconde page après le prologue, œuvre d'art pure.

Ce soir, tranquillité des choses, malgré le bruit imbécile du boulevard populacier...

Un ciel d'un bleu pâle, à peine azuré, opalin, avec de légères nuées grises... grisailles sur les arbres de Champel... grisailles au ciel et grisailles sur le Salève. Brumes grisâtres sur les choses, en concordance parfaite avec la douce grisaille de mon état d'âme présent : pas d'émotivité excessive, aucun enthousiasme. Désir paisible de travailler, de développer mon intelligence.

Il ne faudrait pas attribuer à de la mégalomanie cet égoïsme apparent du moi surgissant à chaque feuillet de ce livre... Non... Habitude de solitaire accoutumé à regarder sans cesse en lui-même d'abord; ensuite, nécessité de créer un livre pouvant me donner, plus tard, une image vraie de mon âme d'aujourd'hui; seul moyen de juger ma vie présente et de voir, plus tard, si mon individualité est bien réellement en progression ou non...

Noté le même soir.

Ce même soir, après une lecture de Nadson :

Aujourd'hui, je suis particulièrement las.
Dès le matin, une sourde irritation grandissait en moi;
Dès le matin, je remarquai autour de moi avec méchanceté
Tout ce qui est capable de soulever dans l'âme le mépris.
Dans la gaîté des autres, je trouvais la vulgarité;
Dans leur tristesse, l'hypocrisie; dans leur calme, pusillanimité,
Et dans mon propre cœur, l'amenuisement des meilleures forces,
Une angoisse oppressante et le dégoût enfant!

Combien de journées comme ça n'ai-je pas passées, de ces mornes journées où toutes mes facultés semblent accessibles seulement aux sensations désagréables et douloureuses!

Noté à Genève le 3 juillet 1900.

À quoi bon ces larmes ? Est-ce pour la plaindre
Avec une douleur follement persistante ?
Ô, si nous pouvions tous mourir ainsi
Avec une âme aussi pure ?
Si tous, nous disions adieu à la terre
Avec le même espoir serein ?
Au-delà du cercueil nous attend, non point le sommeil éternel,
Mais le monde de merveilleuse bonté.

Même date à 11 h 1/2 soir.

L'idée me vient d'écrire une nouvelle, pendant de *La Voie*, mais avec des types très différents : Séméonow, Andréyew, Sacha à Paris.

Même nuit, 2 heures matin.

Je ne dors pas. Aucune envie de dormir. En bas retentissent les cris déchirants d'une Russe qui accouche... Sinistre entrée en ce monde tout de même, par une nuit de pluie, au milieu des cris lugubres de la mère... entrée sinistre et, qui sait ? *symbolique* peut-être.

Le premier acte de la vie, – pleurer... Et comme notre arrivée ressemble à notre départ, avec cette seule différence qu'à tout prendre le départ est bien moins triste que l'arrivée suivie de tant d'ennui et de souffrance !

« Ne pleurez point celui qui est mort, et ne vous lamentez pas sur lui ; pleurez, pleurez celui qui s'en va, car il ne reviendra plus, il ne reverra plus le pays de sa naissance. »
(Jérémie, XXII, 10)

« Si tu vois un homme qui se croit sage, il y a plus à espérer d'un insensé que de lui. »
(Prov. 26,12)

« Ne te vante pas du lendemain, car tu ne sais pas ce qu'un jour peut enfanter. »
(Id., 27,1)

« Et dans notre vie obscure, il y a aussi *son* bonheur, et *son* orgueil… [6] »

(russe) Oui, il y en a… Bonheur amer, amer, et sombre. Orgueil de renoncement ; ils ne sont pas accessibles à tous, et doit périr celui qui a été oublié au festin de la vie et qui ne les a pas éprouvés. (4-7-1900, minuit).

Le 11 juillet, 9 heures soir.

Écrit après quelques jours affreux d'ennuis, de querelles, d'explications douloureuses, de frayeurs et de désillusion…
Écrit au lit, là, sur ce pieu de camp, devant la fenêtre ouverte, par un soir opalin me rappelant avec une intensité extrêmement douce les soirs de jadis, en Afrique.

6. Cette citation suit une page de *À la veille* (Tourguenieff). Puis elle est commentée en russe par Isabelle.

Ô inoubliable prestige des crépuscules d'été sur les cités blanches, sur les étendues mortes de l'Afrique.

Bientôt s'il plaît à Allah, je retrouverai tout cela, loin des hommes et de leur bassesse, de leur cruauté et surtout de leur monstrueux égoïsme.

À quand la paix de l'âme enfin ?

Mais je sais *où* je la trouverai et à quel prix !

2 heures du matin.

(russe) Tous les jours de notre vie fuient rapides comme les flots.
À chaque heure notre chemin vers la tombe est plus court.
Verse donc, camarade, la coupe de santé.
Comment savoir ce qui reste devant nous ?
Tu mourras ; on t'enterrera ; tu ne te lèveras plus au festin des amis.
Donne-moi ta main, camarade ; buvons ! (bis)
Noyons dans le vin la séparation amère ! (bis)

En souvenir de la vie à Genève en juin-juillet 1904, en compagnie de Chouchinka, Yasbka, Pop, Tchork et Ganta

(ar.) Je vous ai quitté, et mon cœur ne cesse pas d'être auprès de vous ;
Et la douceur de la vie, après votre départ, est devenue amertume ;
Et l'écran de la séparation s'est placé entre moi et vous,
Comme entre le vivant et le mort se place le tombeau !

41

(rus.) Dans l'amour, il n'y a pas de repos; dans la science, il n'y a pas de repos; quoi que tu entreprennes, il n'y a pas de repos. Je ne souhaite à personne d'être aussi pitoyable et malheureux que moi. C'est à cause de cela que j'ai un sentiment confusément agréable, lorsque tu me disais : Mon ombre te suivra partout...

« Nous nous sommes rencontrés par hasard sur le chemin de la vie; nous sommes tous deux solitaires dans l'univers peuplé; tous deux malheureux et désordonnés. Nous avons passé ensemble quelques minutes merveilleuses, loin, loin des hommes... Le terme est arrivé, et les hommes nous ont séparés pour toujours... On a pris un instant à la destinée marâtre... Et je ne regrette rien. Nuit du 13-7-1900. Genève...

Départ de Genève, le 14 juillet 1900, 7.30 s.

Temps gris, orageux et sombre. Tristesse infinie de quitter Piatnouchko et Chouchinka. Où vais-je?... *Dans la voie de la Destinée!*

Et Archavir, Archavir que je n'ai pas revu?

Hier à minuit, erré comme une ombre devant cette maison blanche de la rue de l'Arquebuse où je ne dois plus retourner...

15 juillet, 5 heures matin.

Arrivé à Marseille. Fatigue. Superbe lever de soleil sur la Crau.

Impression d'Afrique. Arrivée bonne.

15 juillet 1900, 9 h 1/2 soir. Marseille.

Une idée qui me vient en lisant dans le *Journal des Goncourt* cette phrase : « Fini aujourd'hui *Manette Salomon*. » Aucune œuvre littéraire n'est jamais finie, au point de ne plus pouvoir soit se continuer, soit, encore plus souvent, s'améliorer. Le fini, c'est le satisfaisant, à peu près comme l'exeat de l'hôpital, d'un malade assez retapé pour pouvoir recommencer à vivre, tant bien que mal…

Malgré tout le désordre, tout l'écœurement des derniers jours, à Genève, ce mois de vie russe – le dernier de ma vie sans doute – restera parmi l'un de mes plus chers souvenirs.

Jamais, dans tous les cas, je n'ai vécu avec quelqu'un d'aimé en une intimité semblable à celle qui existait entre moi, Véra, Chouchka et Ga Hahn.

Ce triste et court roman avec Archavir a eu aussi son grand charme. Je me sépare à jamais de lui malgré tout, sans rancune et sans rancœur.

(rus.) *Dans ces gens-là, il n'y avait pas de vulgarité.*
Là est tout le mal de la situation.

« La méchanceté dans l'amour, que cette méchanceté soit physique ou morale, est le signe de la fin des Sociétés. » *(Journal des Goncourt,* III.)

Marseille, le 16 juillet 1900.

Avant-hier, par un crépuscule hâtif de journée orageuse, sous un ciel gris et lourd, j'ai quitté Genève.

Impressions tristes, lentes, intenses surtout à la pensée de la séparation sans doute éternelle d'avec Véra et Chouchka.

Archavir me laisse un souvenir très doux, un peu mystérieux, comme est son étrange nature, comme a été notre étrange roman. Cet homme, échappant au ridicule et au vulgaire, me laisse une sensation très pure, sans souillure. La vie russe ne vulgarise pas l'âme de l'Oriental, tandis que l'influence française donne des avortons comme Abdel-Aziz ou des monstres comme Aly, l'un plongé dans la vulgarité populacière, l'autre, dans celle des Occidentaux soi-disant chics, mal copiée encore.

Archavir a, de l'Arménien, la nature rêveuse, sombre, violente et poétique. Il a acquis de l'étudiant russe ce cachet indéfinissable que j'aime, qui m'est si sympathique, si proche.

Je ne sais si je le ferai, – mais je voudrais rédiger un rapport raisonné et systématique de mon séjour à Genève.

Si l'inspiration spéciale m'en vient, je le ferai. Ce serait un travail très utile et très intéressant.

À ce propos, je ne me rappelle pas avoir jamais travaillé autrement que par devoir ou, et surtout, par inspiration. Je ne travaille jamais pour fuir l'ennui, car le travail ne réussit alors pas. Je lis souvent, et alors, l'ennui, comme l'angoisse sombre des nuits mauvaises, passe presque toujours.

Le but présent reste toujours le même : le perfectionnement intellectuel et moral. Au point de vue intellectuel, ce travail est plus arriéré peut-être, mais beaucoup plus facile.

J'ai pensé, cette nuit et aujourd'hui, aller rejoindre Chouchka en Bulgarie.

Mais non : ce ne serait que pour éterniser, pour faire

revivre l'époque qui vient de se terminer, et il serait temps de comprendre enfin que *l'on ne peut faire durer ce qui est fini ni ressusciter ce qui est mort. Rien de ce qui a été ne recommencera jamais.* Je suis retourné à Genève pour reprendre la vie de mon premier séjour. L'ai-je retrouvée ?

Bien loin de là ! Je l'ai enterrée. Ainsi, c'est probablement à Ouargla que j'irai.

Je commence à craindre seulement que l'écrasante chaleur ne m'accable, au point de vue du travail. Cependant, ici, il y a, paraît-il, une quarantaine de degrés, aujourd'hui, et je ne me sens guère plus abattu qu'à l'ordinaire.

Non seulement pour le travail, mais encore comme mesure hygiénique, il faudra réagir contre l'involontaire langueur que produit ce climat saharien en été...

Pour le moment, je veux faire ici deux choses : continuer *El Moukadira,* et finir la lecture du *Journal des Goncourt.*

Oui, je commence à voir se former enfin ce que sera toute ma vie, si même le succès vient un jour couronner mes efforts littéraires : une sombre féerie aux noirs tableaux, changeant avec une rapidité fantastique, ainsi que les décors... Une course folle à la poursuite de l'éternelle Chimère, plus inaccessible pour moi que pour n'importe quel autre.

Certes, tous les rêves de ma vie seront semblables à ceux, plus conscients, des derniers jours.

Mais, malgré qu'il doive fatalement en être ainsi, je voudrais tenter la chance d'un semblant de bonheur, le seul, je crois, qui peut advenir dans ma rude et pauvre vie : me créer, indépendamment de tous, loin de tous, un nid solitaire, où je pourrais revenir toujours, et ensevelir les deuils successifs qui m'attendent encore.

Ce nid, je vais tâcher de me le créer là-bas, au fond du Désert, loin des hommes. Pendant des mois, m'isoler, isoler *mon âme* de tout contact humain. Surtout, éviter désormais les vies communes avec qui que ce soit, les unions embarrassantes et les mélanges de mes affaires, de mes intérêts avec ceux forcément opposés des autres.

Cela produira au moins une bien moindre dose de souffrances.

Il faut aussi m'efforcer de me créer un monde intérieur de pensées, de sensations qui me console de la solitude, de la pauvreté et de l'absence de jouissances esthétiques, chose devenue trop coûteuse en ma situation présente.

Il faut mettre, coûte que coûte, en pratique ma théorie de la diminution possible des besoins.

Cela ne me sera guère difficile, si la santé ne me trahit pas. Même là-bas, avec une existence sédentaire, c'est-à-dire fixe, je pourrai me créer une vie presque tout à fait hygiénique.

Je pourrai éviter les causes bien connues de la maladie.

Au moral, il est maintenant de toute urgence de m'astreindre au travail. C'est non seulement une chance de pouvoir continuer à vivre, mes faibles moyens d'existence usés, mais une grande sauvegarde contre la souffrance.

Il faut aussi apprendre à se donner à *l'heure présente,* à ne pas vivre uniquement dans l'avenir, comme jusqu'à présent, ce qui est une cause naturelle de souffrance. Vivre dans le passé, en ce qu'il a eu de bon et de beau, c'est en quelque sorte *l'assaisonnement* du présent. Mais l'attente perpétuelle du tout à l'heure, du lendemain, produit inévitablement un continuel mécontentement qui empoisonne la vie.

Il faut apprendre à sentir *plus profondément,* à *mieux* voir, et surtout, encore et encore à *penser.*

Noté le 16 juillet, 10 heures soir.

Le 17, vers 3 heures soir. — Fini la rédaction *d'El Moukadira.*

Le 18 juillet 1900, 9 heures soir.

« Pour un homme de talent ou de génie, se montrer, c'est se diminuer... L'artiste peut prendre la vie au posé ; l'écrivain est obligé de la saisir au vol et comme un voleur... » (*Journal des Goncourt,* III.)

Ainsi, il semble enfin que c'est décidé, que je pars samedi pour l'Afrique que j'ai quittée, il y a juste de cela neuf mois. Mon Dieu, si je trouvais seulement le courage, étant arrivé à Ouargla, de m'y créer ce nid qui me manque tant, ce nid de hibou solitaire, et d'y rester, au moins six mois, et surtout d'y *travailler.*

Ce soir, je relirai tout mon roman de *Rakhil.* Ce qui me manque totalement pour le juger, c'est la *vue d'ensemble.* Maintenant, pour qu'il soit tout à fait terminé, en tant que récit — non en tant qu'œuvre d'art — il ne manque plus que la scène toute artistique de la promenade des juives — une demi-heure de travail. Avant toute autre chose il faut ici finir la lecture et l'annotation du *Journal des Goncourt.*

Ensuite, noter quelques passages saillants d'autres auteurs : du Baudelaire, du Zola, du Loti.

Il faut, en route, noter soigneusement, non seulement les *renseignements,* mais bien aussi les *impressions.* Il faut, de cette traversée de la mer, puis de l'Algérie tellienne et de l'*oued* Rir'h, pouvoir faire un voyage intéressant, pittoresque – première chose à rédiger là-bas.

Puis, dans l'oasis, tout noter ; commencer par tout visiter et faire un plan détaillé avec notes aussi complètes que possible. Après, commencer un *journal littéraire* de mon séjour là-bas. Entre tout, il faudra faire du livre de *Rakhil* ce qu'il doit être surtout – une œuvre d'art.

Il faut écrire, en russe ou pour le russe, la rédaction de mon voyage d'automne dans le Sahel, et quelques *nouvelles.*

Somme écrasante de travail, dont dépend la possibilité du salut. Après, *la Villa Neuve* liquidée, si j'en ai les moyens, aller à Paris ; y mener une tout autre vie qu'avant et me jeter dans la lutte acharnée pour arriver avec le bagage que j'apporterai.

Voilà le seul plan raisonnable que je puisse établir à présent.... Si, en automne, l'on avance vers le Maroc, naturellement, suivre le mouvement, toujours en prenant des notes minutieuses. Hier, 17, à 4 heures du soir, je suis descendu par le cours Devilliers et l'omnibus, au quai de la Fraternité. Marseille m'est apparue très colorée, sous son vrai aspect.

Station au « Bar Idéal » où j'ai écrit une lettre de cœur à Véra et à Chouchinka.

Puis, avec Augustin, longue course à pied, d'abord, jusqu'au pont du fort Saint-Nicolas. Vu tourner le pont, à force de bras d'hommes pour laisser passer un voilier grec. À l'avant, un patron à tête fruste, en bras de chemise et feutre, criant d'instant en instant : *Vira, vira, vira!* à des hommes peinant à l'arrière au cabestan pour entrer le navire.

Silhouettes de petits baigneurs en caleçon de bain, heureux d'être nus, d'être mouillés et au soleil, et prenant des attitudes.

Traversée du vieux port en bac sous le fort Saint-Jean, passé sur le quai de la Joliette, en face des bateaux d'Afrique. Puis, été au charbon.

Immenses tas noirs, poussière noire, hommes noirs, en haillons, à face de suie où les yeux s'ouvrent d'un blanc sale et la bouche comme une plaie, où chaque tache de vraie peau jette comme une lèpre hideuse. Cabaret, noir aussi, où un patron bronzé, à mine de forban, se dispute avec un charbonnier, visiblement craintif. Retour sur la jetée. Horizon aqua-marina verdâtre, mer un peu agitée. Assisté au tirage d'un filet, entre deux barques brutalement secouées.

Quai du Lazaret. — Un homme qui, au café des charbons, m'avait demandé du feu et qui, déjà très ivre, chantait et faisait du bruit, nous le retrouvons sur le quai, juché sur sa charrette, gesticulant, discourant et riant, au milieu d'une foule, sous le regard et le sourire bénévole des agents qui attendent probablement pour l'arrêter... je ne sais quoi : l'ivrogne a écrasé la jambe d'un soldat.

Rentrés à 8 heures. Fatigue, mal de tête intense, mal de cœur. Nuit bonne.

Le 20 juillet, vendredi, 10 h soir, à Marseille.

Tout est fini, emballé, ficelé… il n'y a plus là que mon lit de camp qui attend le matin.

Demain, à 1 heure de l'après-midi, je pars pour Alger.

Je n'y croyais en somme pas beaucoup, à ce départ pour Ouargla. Tant de circonstances étaient déjà venues m'entraver dans l'exécution de mon hardi projet [7].

J'ai des chances de réussite, car je pars bien équipé. Au moral, grande tristesse, comme toutes les fois, maintenant, que je quitte cette maison malgré que je n'y suis qu'un étranger de passage.

À quoi cela tient-il ?

Je sais que la lecture du *Journal des Goncourt* y est pour beaucoup dans cette tristesse, plutôt sombre, que j'éprouve depuis deux jours.

Malheureusement, avec tous ces emballages et toutes ces courses, je n'ai pas eu le temps de finir cette lecture. Les volumes rédigés par Edmond seul n'ont pas le même intérêt que ceux rédigés par Jules… Attribuable peut-être au grand coup porté à Edmond par la mort de son frère.

Je ne me sens pas en train d'écrire sur mes propres sensations. Elles sont mornes.

Mais l'espérance renaît en moi. Je sais que ce sentiment passera dès que je serai à Alger, auprès de l'ami Eugène, en proie à des impressions nouvelles.

Dans tous les cas, il faut travailler, il faut écrire, là-bas…

---

7. « Ah ! comme je voudrais partir, à présent, au loin, en un pays inconnu, mais d'Islam, mais d'Afrique, pour longtemps. Mars 12, 1901. » *(Note d'I.E., en marge.)*

Mon Dieu, si je trouvais l'énergie de donner un bon coup de collier pour terminer au moins une partie de tout ce que j'ai à faire ! Mon Dieu ! si je n'étais pas affligé d'ennuis, surtout du côté d'ici, je suis sûr de faire quelque chose, de réussir.

Phénomène étrange : mon séjour à Genève semble déjà s'être reculé pour moi dans un lointain voyage... Les silhouettes aimées de là-bas semblent se subtiliser, devenir des entités de rêve... Heureusement ! Cependant, il n'y a qu'une semaine...

Mais je me sens à jamais attaché à Véra et à Chouchka par un lien beaucoup plus puissant qu'avant.

Quant à Archavir... il semble, sans que je puisse me rendre compte des causes de cette impression, que nous nous *retrouverons* encore, comme il l'a dit un soir...

Hélas ! le début, triste, pâle et incohérent d'aujourd'hui dans ces notes, ressemble de nouveau à celles de jadis.

Mais ce n'était qu'un retour passager au passé.

Je vais relire *Vers les horizons bleus* auquel, en route, j'ajouterai le fruit des notes.

Il ne faudra pas s'étendre sur Alger... trop connu !

Ne faudrait-il pas, même, faire débuter le voyage algérien par Bône, et non par Alger ? S'il y a des sensations dignes d'être notées, les transporter sous forme de souvenirs, à une autre époque. Ce serait un prétexte à quelques belles pages mélancoliques, genre silhouettes d'Afrique.

Avec ce voyage-là, un livre, un beau livre sera vite écrit et pourra peut-être paraître avant *Rakhil*. Néanmoins, il faudra travailler à *El-Moukadira,* coûte que coûte, pour la rapporter finie.

J'en arrive, parfois, à un tel pessimisme que l'avenir

devient pour moi un objet de terreur irraisonnée, comme s'il ne pouvait être que mauvais et menaçant, tandis qu'au contraire, beaucoup de nuages sombres se sont éloignés de l'horizon de notre vie : Samuel, l'accouchement, etc.

Tout cela semble corroborer ce fait que, pour *nous deux,* la destinée n'est en somme inclémente que pour les *petites choses, et temporairement* s'il plaît à Dieu ! Qu'il en soit ainsi dans l'avenir !

Alger, le 22 juillet 1900, 11 h soir.

Hier, par une chaude après-midi, je me suis embarqué sur ce navire qui m'avait déjà porté, en septembre dernier, mais en des circonstances combien différentes [8] ! J'ai suivi des yeux la silhouette d'Augustin jusqu'à ce qu'elle ait disparu, le navire ayant viré de bord. Puis, je me suis mis à contempler le décor. Le port, rempli des puissantes silhouettes rouges et noires des transatlantiques.

Puis, la ville... D'abord, quand le navire fut vers le milieu de la rade, Marseille m'apparut en une gamme délicate de grisailles : grisailles du ciel vaguement enfumé, grisailles bleuâtres des montagnes, grisailles roses des toits, jaunes des maisons (lueurs)..., ocreuses et ardentes des rochers d'Endoume, crayeuses et flamboyantes de la colline de Notre-Dame... grisailles lilacées et argentées de

---

8. « Le 21 juillet 1900, 1 heure soir, départ de Marseille par *l'Eugène Pereire.* Le 22 juillet 3 heures soir, arrivée à Alger. » *(Note d'I.E., en marge.)*

la mer… les plantes coriaces des rochers jetaient en tous ces gris des taches d'un brun verdâtre… Seule la verdure des platanes, les coupoles dorées de la cathédrale et la statue de la Vierge se détachaient en tons vivants et nets…

Puis, quand le bateau se fut éloigné, tout changea d'aspect : ce fut une teinte dorée uniforme, d'une intensité inouïe…

Assisté au coucher du soleil, en des vapeurs d'un gris violacé, par une mer d'une teinte violette assombrie et sévère…

Passé la nuit, paisiblement, à l'arrière, sur un banc. Sensation de bien-être réel ; vers 2 h 3/4, réveil. La mer est un peu agitée, et les phares des Baléares sont en vue, à notre droite… Lune décroissante.

Sensation étrange et vague, mais douce, de mystère…

Lever du soleil, tandis que les matelots tendaient la tente… D'abord, aube rosée, lilâtre. La mer prend une teinte lilacée, argentée à la surface. Puis, le disque d'une couleur carminée, sans rayons, émerge au milieu d'une brume d'un violet pourpre. Un peu au-dessus, fines dentelures de nuages roses bordés d'or pâle…

La nuit, impression bien connue de mystérieux bien-être produite par la vue des feux du navire au-dessus de mon paisible sommeil.

Demain matin, je continuerai ce compte rendu.

Ô impression bienheureuse du *retour*, ressentie ce soir, dans les mosquées solennelles, et au milieu du vieux train-train du *tabadji* arabe de la rue Jénina !

Ô ivresse singulière, ce soir, dans la paix et la pénombre de la vaste *djemaâ* Djedid, pendant la prière de l'*icha* !

Je renais, une fois de plus, à la vie... *(ar.) Conduis-nous dans la voie droite, la voie que doivent suivre ceux envers qui tu as été généreux!*

Alger, le 23, 10 h 1/2 matin.

Longtemps, longtemps, de la côte algérienne, l'on ne voyait que Matifou, plongé en un monde de vapeurs grises...

Puis, le triangle d'Alger, avec la coulée neigeuse de la vieille ville... Enfin, tout l'admirable panorama apparaît en pleine lumière.

Après une station très courte avec Eugène dans ma chambre, lui parti, je suis allé, seul, à la découverte. Mais mon chapeau me gênait, me retranchant de la vie musulmane.

Alors, je suis rentré, et, ayant mis mon *fez*, je suis ressorti et je suis allé, avec Ahmed, le domestique, d'abord à la *djemaâ* el-Kebira... Impression de fraîcheur et de paix sous les arcades blanches et dentelées de l'intérieur. Salué l'*oukil* de la mosquée, vénérable vieillard, assis dans une niche latérale, en train d'écrire sur son genou.

Rien ne l'étonne plus. Aucune curiosité déplacée, aucune indiscrétion... Puis, monté avec le patron de portefaix Mohammed, à la charmante *zaouia* bleuâtre de Sid-Abd-errahmane.

Station, en son ombre fraîche sur les épais tapis, en face du *mihrab*... Bu de l'eau parfumée au jasmin d'une gargoulette posée sur la fenêtre.

La *zaouia* est une perle admirable, et j'y retournerai avant de quitter Alger…

Blancheurs bleuâtres, candides, dans le vert du jardin Marengo…

En traversant celui-ci, senti un indéfinissable parfum, enivrant et doux, de fleurs, je ne sais lesquelles.

Soupe chez El-Hadj-Mohammed, au coin de la rue Jénina. Là, ressenti *intensément* la joie du retour, la joie d'être de nouveau là, sur cette terre d'Afrique à laquelle m'attachent non seulement les meilleurs souvenirs de ma vie, mais encore cette attirance singulière, ressentie avant de l'avoir jamais vue, jadis, à la *Villa* monotone.

J'étais heureux, là, à cette table de gargote… Indéfinissable sensation, irressentie où que ce soit ailleurs qu'en Afrique.

Comme les Arabes se ressemblent entre eux!

Hier, chez Hadj-Mohammed, j'ai cru voir entrer des hommes connus jadis, à Bône, à Batna, ou dans le Sud… sauf en Tunisie, où le type est tout autre.

À quoi cela tient-il ? Au manque de développement de l'individualité, ou à l'influence nivélatrice de l'Islam ? Aux deux, sans doute.

Le soir, après le dîner, été prier l'*icha* dans la *djemaâ* Djedid, moins belle que les deux autres, mais où j'ai ressenti une envolée superbe d'Islam.

Entré dans la pénombre fraîche à peine dissipée par quelques lanternes à huile.

Impression de vieil Islam, mystérieux et calme.

Longue station près du *mihrab*. Puis, de loin, derrière nous, s'est élevée une voix claire, haute, fraîche, une voix de rêve, faisant les répons au vieil *imam* debout dans le *mihrab,* et récitant la *fatiha* de sa voix chevrotante.

Alors, debout, en ligne, nous avons prié, en cette alternance à la fois enivrante et solennelle des deux voix, l'une, devant nous, cassée, vieillotte, mais, peu à peu, s'enflant, devenant forte et puissante, et l'autre, fusant comme d'en haut, dans les lointains obscurs de la mosquée, à intervalles réguliers, comme un chant de triomphe et d'inébranlable foi, radieux... annonçant la victoire à venir, inévitable, de Dieu et de son Prophète... Senti un sentiment presque extatique dilater ma poitrine en une envolée vers les sphères célestes d'où la seconde voix semblait venir en un accent de bonheur mélancolique, serein, doux et convaincu.

... Ô, être couché sur les tapis de quelque mosquée silencieuse, loin du bruit bête de la ville contaminée, et, les yeux clos, les yeux de l'âme levés vers le ciel, écouter, à l'infini, ce chant de triomphe de l'Islam!

... Je me souviens, à ce propos, de la nuit où, l'an dernier, après avoir erré jusqu'au matin à la recherche d'Aly et du poète, j'étais venu échouer dans les ruines du Morkad, au pied du minaret, dont les fenêtres s'étaient illuminées... Là, dans le grand silence mort de Tunis la nuit, la voix du *mueddine* me parvenait, mystérieuse, mystérieuse infiniment, chantant sur l'air calme et cadencé qui retentit encore à mes oreilles, la prière : *La prière est préférable au sommeil.*

Après l'heure délicieuse de l'*icha,* été errer...

Vers 10 heures, au retour, station dans une rue étroite, devant une petite boutique éclairée par un quinquet d'huile. Une guitare, des tuyaux de pipes, une garniture en papier découpé...

Devant la boutique, le marchand couché sur une natte ovale, homme brun d'assez bel aspect, indifférent, d'une lenteur infinie de mouvements, comme absent... Serait-ce l'effet du kif ?

Acheté une petite pipe et du kif...

Voici le bilan, assez complet, de ma journée d'hier...

Journée d'arrivée incomparable.

Je ne souffre pas trop de la chaleur, pourtant humide et lourde.

El-Mrayer, 30 juillet 1900.

Quitté Alger le 27 juillet, 8 heures matin.

Arrivé le 29, vers 10 heures à Méraier, sieste, parti à 5 h 1/4.

Relais à El-Ferd vers minuit. Arrêt à Ourlana vers 2 heures. Relais à Sid-Auvrau 2 h 1/2. El-Moggar, à l'aube, dernier relais. Arrivé à Touggourt, le 31 à 8 heures du matin. Un peu de fièvre entre Mrayer, Ourlana et Sidi Amram.

Disposition d'esprit bonne relativement et gâtée par la présence de la maîtresse du lieutenant Lagrange, affreuse créature répugnante.

À Sidi Amram, couché pendant le relais près d'un feu de *djerid* secs, près d'un soldat français, venu je ne sais d'où, bu un café, faiblesse, un peu de fièvre... La flamme du feu éclairait le mur en *toub* d'une lueur rouge, étrange, sous l'écroulement des constellations.

Touggourt, mardi midi, 31 juillet 1900.

Je suis assis dans la salle à manger presque obscure, pour fuir les innombrables mouches de ma chambre.

Ce soir, si le bureau arabe ne s'y oppose pas, je partirai pour El Oued où je tâcherai d'établir mes pénates.

À tout prendre, là-bas, je risque beaucoup moins au point de vue de la santé qu'à Ouargla. Je suis heureux de constater que l'écrasante chaleur qu'il fait dans le désert ne m'accable pas trop. Encore ne suis-je pas tout à fait dans mon état normal, à cause de la fatigue du voyage, des veilles prolongées de ces derniers temps. Je puis travailler et penser. Ce n'est d'ailleurs qu'aujourd'hui que je commence à me ressaisir. Je n'y parviendrai entièrement que le jour où je serai installé à El Oued, où le calme se sera fait autour de moi.

Je commence aussi à avoir le sens de l'économie, et la force de volonté nécessaire pour ne pas dépenser inutilement le peu d'argent qui me reste.

Il faut aussi ne pas oublier que je suis venu au désert non pas pour me livrer au *dolce farniente* de l'an dernier, mais bien pour travailler, que ce voyage peut devenir un redoutable naufrage de tout mon avenir, ou bien un acheminement vers le salut tant matériel que moral, selon que je saurai me *débrouiller* ou non.

D'Alger, en bloc, du premier et du dernier soir surtout, j'ai gardé à jamais un souvenir charmant.

Le dernier soir, j'étais allé avec Mokhtar et Abdel-Krim Ouled-Aissa chez un marchand de tabac du plateau Saulières. Après une conversation assez animée, ce fut une promenade mélancolique le long des quais. Ben Elimaur,

Mokhtar et Zarrouk, l'étudiant en médecine, chantaient doucement de mélancoliques cantilènes algéroises.

J'ai eu plusieurs instants de vie intense, de vie tout orientale, à Alger.

Le long voyage en troisième classe, presque en tête-à-tête avec l'être juvénile et sympathique qu'est Mokhtar, a eu aussi son charme.

J'ai dit, pour longtemps peut-être, adieu à la grande Azurée… Puis, ce fut la Kabylie sauvage, les rochers déchiquetés. Puis, au-delà des collines grisâtres des Portes-de-Fer, la désolation des hauts plateaux argileux, vaguement dorés par les champs fauchés très haut par les Arabes, – longues taches d'un fauve argenté sur les sanguines et les ocres des terrains.

À Bordj-bou-Aréridj, la plaine offre un spectacle d'une tristesse plus morne et plus désespérante que n'importe où ailleurs.

Saint-Arnaud ressemble à Batna. C'est un grand village perdu au milieu des hauts plateaux du pays Chéouiya. Saint-Arnaud, en arabe *Elelma,* est pourtant verdoyant. Ses jardins rappellent ceux de la colonne Randon, à Bône.

Le *cadi* est un noble et calme vieillard d'un autre âge…

Hélas! Les jeunes Algériens de nos jours, dans dix, dans vingt ans, seront-ils semblables à leurs pères, empreints de la solennelle sérénité de l'inébranlable foi islamique? Son fils, Si Aly, au premier abord, a l'air endormi et lourd. C'est cependant un homme intelligent et point indifférent envers la chose publique. Si Ahsenn, d'origine turque, est un homme qui charme par sa franchise.

Le premier soir à Elelma, eu une impression intense, très douce, de la vieille Afrique et du pays bédouin : au loin, les chiens aboyèrent toute la nuit durant et le chant du coq se fit entendre. Sérénité, douce mélancolie et insouciance.

Ressenti, comme jadis, en route de Biskra à Touggourt, l'impression charmeuse, enivrante, de l'aube au désert… À Bir Sthil, hier, quand le vieux gardien nous a fait boire le café, et ce matin, à El Moggar, quand, assis devant le feu, je préparais le café du matin.

Cette nuit, vers 2 heures, traversé l'oasis lugubre d'Ourlana : grands jardins enclos de murs en pisé, aux *seguia* sentant le salpêtre, l'humidité et la fièvre…

Toutes les maisons en *tob* ocreux endormies en un étrange sommeil…

Puis, à Sidi Amram, couché à terre, près d'un feu de *djerid* secs, sur le sable chaud, sous l'éblouissement des étoiles innombrables…

Ô Sahara, Sahara menaçant, cachant ta belle âme sombre en tes solitudes inhospitalières et mornes !

Oui, j'aime ce pays du sable et de la pierre, ce pays des chameaux et des hommes primitifs, pays des *chott* et des *sebkha* dangereuses…

Hier soir, entre Mraier et El Berd, vu d'étranges et fétichistes silhouettes de vagues formes humaines ornées d'oripeaux rouges et blancs : là, il y a peu d'années, fut assassiné un musulman. Cette espèce de monument sauvage est dressé là en souvenir du sang de cet homme, qui fut enterré à Touggourt…

Bordj Terajen, le 1ᵉʳ août, 7 heures matin.

Parti hier soir, à 4 h 3/4, sur la mule de N'Tard-Jallah avec Mohammed El Hadj de Taïbet. Arrivé à Mguétla vers 9 heures.

Remarqué, au coucher du soleil, les dunes fauves devenant d'une incomparable teinte dorée, d'une ardeur inouïe.

Au clair de lune, 1ᵉʳ quartier, blancheurs infinies; côté éclairé par le soleil, doré; partie dorsale – *dhaar el erèg* – d'un blanc bleuâtre et translucide. Délicatesse et pureté inouïe des teintes.

Hier soir, malgré un peu de fatigue, impression excellente du premier campement

La nuit, vent presque froid, murmure marin dans la dune. Impression de tristesse désolée, infinie et sans motif.

Aube superbe. Levé à 4 heures. Ciel pur, fraîcheur vent assez fort, N.-E.

Parti à 5 heures. Campé et fait le café dans la dune. La poste nous a rattrapés. Monté à chameau jusqu'à Terdjen. Arrivé 8 heures. Les gardiens et le portier affirment que le Docteur Subtil est toujours à El Oued.

Disposition d'esprit excellente. État de santé, *idem*.

Comme j'ai bien fait de quitter l'Europe et de choisir, hier, El Oued pour résidence. Si seulement la santé tient bon, il faudra rester le plus longtemps possible à El Oued.

Et surtout, puisse ce temps n'être point perdu, à tous les points de vue, à ceux, surtout, de mon développement intellectuel et moral, et de littérature. *(ar.) S'il plaît ô Allah!*

El Oued, le 4 août 1900, 7 heures matin.

Après avoir fini d'inscrire mes notes à Terdjen, je me suis assis sur mon lit, en face de la porte.

Éprouvé une sensation de bien-être inexprimable, de joie profonde d'être là... Sieste interrompue par les enfants et les chèvres.

Parti, avec la poste, vers 2 h 1/2. Chaleur intense. Malaise. Remonté à chameau. Arrivé à Mouïet-el-Caïd vers le *maghreb* (6 heures).

Nuit absolument blanche. À 2 heures, vu, au-dessus de la dune, s'allumer une lueur rouge, sans rayons, terne.

Puis, dans le vague rayonnement de l'aube, monte Lucifer ardent, triomphant. Il est monté au *bordj,* disent les Arabes.

Réveillé Habib. Fait un feu, préparé le café. À 4 heures, repartis pour Ourmès. Arrivés vers 7 h 1/2. Traversé la plus grande dune. Trouvé plusieurs chameaux morts, dont l'un, récent, couché en une pose d'abandon suprême...

Ourmès. Sieste dans les jardins. Spectacle enchanté. Sieste mauvaise à cause des mouches et de la chaleur des *burnous* inévitables. Repartis à 4 h 1/2. Arrivés à Kouïnine vers 6 heures. À El Oued vers le *maghreb*.

Descendu devant la maison de Habib, au milieu de la rue. Songé à toute l'étrangeté de ma vie.

Un peu de fièvre avant de m'endormir. Bonne nuit. Levés à 4 h 1/2. Été visiter la maison d'un *caïd* sur la place, en face le *bordj*. Loué. Commencé l'installation.

Vu le capitaine. Midi. Chaleur étouffante. Sieste bonne. Soir de l'arrivée, belle course avec Abd-er-Rahmen le frère de Habib, à mulets au Bir Gharby à l'aiguadi. Nuit transparente dans le sable blanc. Jardin profond endormi dans l'ombre. Fraîcheur et douceur des choses.

Hier soir, station devant un café maure. Puis, course au puits, à pied. Léger accès de fièvre. Faiblesse. Nuit bonne, dans la cour. Levé à 4 h 3/4.

Me voilà enfin arrivé à ce but qui me semblait quelque peu chimérique, tant qu'il était à l'état de projet. C'est fait et il faut, maintenant, agir avec toute l'énergie dont je me sens capable. Il faut, dès que j'aurai reçu l'argent d'Eugène, payer le logement, payer Habib, puis, acheter le nécessaire.

Aujourd'hui, les bagages doivent arriver. Il faudra, dès que mon installation sera un peu moins provisoire, me mettre au travail ; faire le livre de mon voyage, dont Marseille sera le premier chapitre.

Je suis loin du monde, loin de la civilisation et de ses comédies hypocrites. Je suis seul, sur la terre d'Islam, au désert, libre et dans des conditions de vie excellentes. Sauf la santé, et encore, les résultats de mon entreprise ne dépendent donc que de moi...

Le 4 août 1900, 3 h 1/2 soir.

Je commence à m'ennuyer de ce que les bagages n'arrivent pas et de ce que je ne puis installer ma maison et ma vie définitivement...

Disposition d'esprit grise, un peu d'énervement, le tout sans cause.

Maison de Habib. Dans l'une des rues tortueuses, au sol de sable fin, non loin de la dune, un carré en *toub* non blanchi.

Dans un coin, une petite chèvre brune avec une amulette au cou. Une chienne avec ses petits. Les nombreux frères de Habib vont et viennent. La femme du vieux, haute, mince, vêtue de longs voiles blancs, avec toute une montagne sur la tête : des tresses de cheveux noirs, des tresses et des glands de laine rouge, dans les oreilles, de lourds anneaux de fer soutenus par des cordons accrochés dans la coiffure. Quand elle sort, elle jette pardessus tout cela un voile bleu. Étrange figure bronzée, sans âge, maigre, aux yeux mornes et noirs.

Le vieux fumeur de kif, plongé en une douce rêverie...

Eté, ce matin, voir Abd-el-Kader ben Taleb Saïd. Impression de ruse. El Mohammed El Héchni, impression d'obscurité. Homme profondément dissimulé [9].

Le mieux est évidemment de laisser de côté ces gens et ces affaires qui m'ont déjà coûté assez cher.

Ils sont partis à Mchara pour Ouargla. Abd-el-Kader dit qu'il se rendra à Paris. Le *Naïb* n'est plus aimé. *(arabe) La miséricorde de Dieu soit sur lui !*

Tout à l'heure, la fraîcheur va commencer. Déjà, un petit vent passe, de temps en temps.

En résumé, je ne suis pas encore entré dans le sentier de ma nouvelle vie. Il y a encore trop de provisoire.

El Oued, le jeudi 9 août, 7 h 1/2 soir.

Pour le moment, rien de fixe dans mon existence toute arabe, d'une mollesse qui n'est point dangereuse, car je

---

9. « Cécité » *(Note en marge).*

sens bien qu'elle ne durera pas. Mon petit ménage commence à s'installer un peu. Mais l'argent manque toujours.

Il faut éviter d'en emprunter au *bach-adel*, car il est évident qu'il n'est pas désintéressé. La chaleur diminue peu à peu. Plus de fièvre. État de santé excellent.

D'ici peu de jours, je crois modifier du tout au tout mon genre de vie.

Tous les soirs, course au Bir R'Arby. Traversée des sables d'un blanc neigeux, presque translucide au clair de lune. Nous passons devant la morne silhouette sinistre du cimetière chrétien : de hautes murailles grises, surmontées d'une croix noire...[10] Impression lugubre. Puis, nous montons la dune basse et dans une vallée étroite et profonde, le jardin apparaît, semblable à tous les jardins *souafa* : un entonnoir élargi d'un côté, vers les chemins d'accès et les puits. Les plus hauts palmiers sont là-bas, au pied des parois abruptes de l'entonnoir. Les plus petits sont vers les puits.

Dans la lueur glauque de la lune, ils sont diaphanes, semblables à de délicats panaches de plumes. Entre leurs beaux troncs ciselés s'étendent quelques cultures verdoyantes de melons, de pastèques et de basilics odorants.

L'eau est claire et fraîche. Le puits à la primitive armature – grince et ce bruit m'est déjà devenu familier ; l'*oumara* en peau de bouc tombe et clapote pendant un court instant dans l'obscurité du puits, puis remonte, ruisselante d'eau. Alors, jetant ma *chechiya* sur le sable pur, je trempe

---

10. « Jardin Prédestiné » *(Note en marge).*

ma tête dans l'*oumara* et je bois avidement l'eau assez fraîche avec cette sensation de volupté presque angoissante que donne l'eau fraîche ici. Puis, l'on s'étend un instant sur le sable.

Un grand silence règne dans la nuit bleue; et le vent éternel du Souf bruit mystérieusement dans le feuillage dur des palmiers, avec un vague bruit marin.

Puis, lentement, péniblement, c'est le retour vers la ville endormie; vers la blanche maison qui est, Dieu sait pour combien de temps, ma demeure...

Il y a quelques jours, passé la nuit, avec Slimène, dans un grand jardin du caïdat des Hacheich, à l'ouest d'El Oued.

Un entonnoir oblong, très profond, encastré entre de prodigieuses murailles de sable blanc, dont les arêtes sont garnies de petites haies en *djerid* desséchés, pour éviter l'ensablement.

Pas âme qui vive, dans l'ombre tiède des palmiers. Nous nous assîmes d'abord près d'un puits où j'avais vainement puisé au moyen d'une *oumara* déchirée. Tristes, d'une tristesse d'abîme, peut-être semblable chez tous les deux, en somme, puisque, chez moi, l'idée des ennuis pouvant résulter des indiscrétions du quartier y était pour beaucoup.

Certes, en toute tristesse, chez moi, il y a toujours ce fond insondable et inanalysable de tristesse sans cause connue, qui est l'essence même de mon âme...

Hélas, mon âme a vieilli. Elle ne s'illusionne plus et je ne puis que sourire aux rêves de l'âme toute jeune de Slimène qui croit non pas à l'éternité, mais au moins à l'indéfinie durée de l'amour terrestre, et qui songe à ce qu'il y aura dans un an, dans *sept ans* [11]. Hélas, un peu de cendre grise au fond de deux âmes solitaires, très loin l'une de l'autre, sans doute, et séparées à jamais par des amas d'autres cendres, étrangères, des souvenirs déjà déformés et vagues... *(ar.) Mais ils ne savent pas!*

Et à quoi bon le lui dire, l'attrister, le faire souffrir. Cela se fera tout seul, au jour de l'inévitable séparation.

Mais il est vrai que j'ai, depuis quelque temps, acquis une expérience profonde de la vie.

Non seulement sur ce chapitre-là aucune illusion ne subsiste en moi, mais encore *aucun désir* de m'illusionner, ni de faire *durer* ces choses qui ne sont douces et bonnes que parce qu'elles sont éphémères...

Mais voilà, ces choses-là, elles me sont si personnelles, si à *moi,* qu'il m'est impossible de les expliquer nettement, ou surtout de les faire comprendre et admettre par un autre.

L'expérience s'acquiert au prix des grandes souffrances de la vie, mais elle ne se *communique* jamais.

Après une heure passée, les larmes aux yeux, à parler des réellement terribles éventualités possibles, nous sommes allés nous coucher sous les palmiers, sur nos *burnous,* avec un bourrelet de sable sous nos têtes.

Dormi jusqu'à 2 h 1/2 environ. Puis dans la croissante fraîcheur d'avant l'aube, remonté péniblement les sentiers de sable, et rentrés par le *caïdat* des Hacheich. Petites ruelles enchevêtrées, où régnait une lourde odeur salpêtrée, assez semblable à celle des oasis de *l'oued* Rir!

---

11. «Dans un an». Un an s'est écoulé et ma vie n'est plus intimement liée à la sienne pour toujours! Mars 12/VIII 1901. *(Note en marge.)*

Traversé le marché où seuls quelques chameaux dormaient, avec leurs conducteurs, autour de l'immobile armature du grand puits.

Hier soir, monté sur le mauvais cheval blanc du *deira* du caïd des Hacheich, père de Misbah. Et sur la route de Kouinine dans les petits faubourgs d'El Oued, où les chèvres blanches et noires paissent sur les toits des *zeriba* en *djerid*.

La dune, encore blafarde, se dore de plus en plus, devient de cette couleur métallique ardente d'avant le *maghreb*. Les ombres s'allongent, démesurées.

Puis, tout devient rouge violent avec les *dos* violet-bleu, verdâtres, en des diversités de nuances inouïes.

À l'Occident, du côté de Kouinine et de Touggourt, le soleil se couche, boule sanglante, dans un incendie d'or et de pourpre carminée. Les crêtes des dunes deviennent comme enflammées à l'intérieur, en des teintes qui se foncent d'instant en instant. Puis, quand le disque du soleil a sombré au loin, tout s'enfonce d'abord en des nuances violacées... Enfin, tout redevient blanc, de cette blancheur mate du Souf, aveuglante à midi.

Ce matin, le jour s'est levé obscur, nuageux, et ce fut un spectacle des plus inattendus ici, au pays de l'implacable ciel bleu, de l'immuable et tyrannique soleil...

Ressenti une impression furtive de certains réveils là-bas jadis, en des reculs profonds de temps et d'espace, en automne...

Tristesse, ces jours derniers.

D'ailleurs, ma vie est mal employée ici, pour le moment. La sieste y joue un grand rôle.

C'est d'ailleurs cette inertie qui me prend, toutes les

fois que je viens m'installer dans un pays nouveau, surtout pour un assez long séjour. Mais cela passera inévitablement.

Depuis ce matin, sirocco assez violent. Le sable voltige, et le temps est lourd. Il n'y a plus qu'une vingtaine de jours de fortes chaleurs, dit-on.

Pour le moment, ma santé est excellente, et, sauf une grande langueur, parfois, je me sens mieux que jamais.

Je voudrais pouvoir m'atteler à la besogne. Mais, pour cela, il faudrait se lever au moins au réveil et, après le départ de Slimène, ne plus me recoucher… Hélas, si je le fais, c'est uniquement par ennui et désœuvrement.

Il faudra sortir dès le réveil, aller dans les jardins et, parfois, effectuer la promenade le matin, soit sur un cheval, soit sur l'autre, suivant les occasions.

Passé un quart d'heure à prendre des mesures administratives contre les mouches qui avaient envahi mes deux chambres… Ces petits soins de mon existence si peu compliquée me seront un jour de chers souvenirs.

Mais pour cela, il ne faut point avoir l'esprit toujours *ailleurs,* toujours en *attente*. Oui, se livrer à l'heure présente, telle qu'elle est et tâcher, selon le conseil d'Eugène, de découvrir le bon côté de toute chose, côté qui existe inévitablement.

Ah! si seulement la vie présente pouvait durer, si Slimène restait toujours le bon camarade, le frère, qu'il est pour moi en ce moment. Et si seulement, je me donnais un peu plus à la vie locale, et, les premières fraîcheurs venues, au travail!

Ici, quand une jeune fille se marie, c'est à dos d'homme qu'on la mène chez son mari. Celui-ci doit se cacher pendant sept nuits pour voir sa femme, venir après le *maghreb* et s'en aller avant le *sobkh*.

Vestige évident des enlèvements de jadis...

Le 18 août 1900, 3 h 1/2 soir.

Hier soir, été, seul et à cheval, du côté de la route de Touggourt dans les petites villes semées le long des chemins, Gara, Teksebet, etc. Traversé Teksebet. Petite ville d'aspect mélancolique, délabrée, presque déserte, ruines croulantes à chaque pas.

Repris le chemin d'El Oued au coucher du soleil. Regardé, dans la dune grisâtre, couler le sable, indéfiniment, comme les vagues blanches d'un océan silencieux. Le sommet d'une grande dune pointue, vers l'ouest, semblait fumer, comme un volcan. Puis, le soleil, d'abord jaune entouré de vapeurs sulfureuses, s'est peu à peu coloré de ses riches teintes d'apothéose de tous les soirs...

Hier, au moment où je montais à cheval, entendu, tout près, les lamentations qui, chez les Arabes, annoncent la mort... C'est la petite fille de Salah le spahi, sœur du petit Abd-el-Kader, qui est morte. Et aujourd'hui, dans une boutique du marché, vu Salah jouant et souriant avec son fils.

Hier, au *maghreb,* l'on a enterré la petite dans le sable chaud... et elle a sombré pour jamais dans la grande nuit de l'au-delà, semblable à ces météores rapides qui traversent souvent le ciel profond d'ici.

Lundi 3 septembre 1900, 5 h 1/2 soir.

Départ à chameau pour Touggourt. Arrivés 8 h 3/4 Ourmès. Passé là devant le *bordj*. Partis le 4 à 4 heures matin. Arrivés Mouïet-el-Caïd vers 10 heures matin. Sieste. Partis à âne à 4 heures soir. Passé la nuit entre M.-el-Caïd et Terdjeun. Sieste. Repartis vers 4 heures. Passé la nuit à Mguétla. Partis 2 h 1/2. Arrivés Touggourt le 6 vers 11 heures. Journée chez Talèb-Saïd. Passé la nuit. Le 7 partis 8 heures soir. Couché près Arsa Touggourt. Repartis vers 3 heures le 8. Arrivés à Mguétla 8 heures. Sieste. Repartis vers 3 heures soir. Arrivés à Terdjeun vers 7 h 1/2 soir. Passé la nuit près du *bordj*. Repartis le 9 à 1 h 3/4 matin. Arrivés à M.-el-Caïd vers 8 h 1/2 matin. Sieste.

« Je n'y crois pas (à la mort) ; c'est un passage sombre que chacun de nous rencontre à un moment donné dans sa vie. Beaucoup de gens s'en alarment, ceux à qui l'obscurité fait peur, comme aux enfants.

Quant à moi, les trois ou quatre fois qu'il m'est arrivé de m'en trouver tout près, j'ai vu de l'autre côté une petite lumière, je ne sais trop laquelle, mais évidente, et qui m'a tout à fait tranquillisé. »

(Fromentin, *Une année dans le Sahel.*) *Noté à El Oued, le 17 septembre 1900.*

Oui, il y a bien une petite lumière au-delà de la Grande Ténébreuse [12].

---

12. « Inscrit à l'hôpital d'El Oued, le 5/II 1901 après l'incident de Behima. » *(Note ajoutée un an après.)*

Lundi 9 octobre 1900, 9 heures matin.

Hier soir, quelques instants après le *maghreb,* été sur Souf, chez Abd-el-Kader le *deira,* chercher la selle pour ce matin. Passé derrière le café, par les larges rues de sable, entre les maisons à moitié en ruines.

Le soleil rouge venait de disparaître derrière les dunes de la route de Touggourt, et le *bordj* et les maisons se profilaient en délicates silhouettes grises sur l'incandescence du couchant.

Arrivé sur la route devant la porte du *deira,* je regardai l'incomparable spectacle qui s'offrait à mes yeux : les dunes, d'une infiniment délicate nuance de chamois argenté, se profilant sur un ciel orangé et pourpre, le tout baigné d'une lueur lilacée d'une pureté de teinte inexprimable.

Quelques instants avant, à l'heure où le soleil allait se coucher, où El Oued resplendissait, noyé d'or éclatant, aperçu, comme un nimbe d'apothéose, deux silhouettes d'Arabes en blanc, debout sur la petite dune des fours à chaux. Impression biblique de recul vers les âges anciens de l'humanité primitive, adoratrice des grands luminaires célestes…

Et le soir, là-bas, aux confins de la ville et du désert, retrouvé une impression des crépuscules d'automne et d'hiver, là-bas, au pays d'exil, quand le grand Jura neigeux semblait se rapprocher, fondre en des teintes blondes ou bleuâtres…

Les matinées sont devenues froides. La lumière a changé de teinte et le ciel aussi. Ce n'est plus le morne rayonnement des jours accablés de l'été. Le bleu du ciel est intense et est devenu vivifiant et pur.

Tout revit. Mon âme, elle aussi, renaît à la vie... Mais aussi, comme toujours, je ressens une tristesse infinie qui envahit mon âme, un désir inexprimable d'un quelque chose que je ne saurais dire, une nostalgie d'un *ailleurs* que je ne saurais nommer.

Depuis quelques jours, le travail intellectuel me répugne bien moins que cet été, et je crois que j'écrirai encore... La source ne me semble point tarie.

Traversé une période de gêne matérielle et d'ennuis qui ne sont point encore terminés. Le lendemain, certes, est gris, et je ne puis même point prévoir la fin de ce séjour ici, au pays du sable...

Pour le moment, si j'en avais même les moyens, je me sens incapable de m'en aller, de quitter Slimène pour jamais. Pourquoi, d'ailleurs ?

J'ai atteint enfin, je crois, la paix du cœur, sinon celle de l'esprit bien loin de là, hélas...

Variations prodigieuses de sensations ! Tout à l'heure, en commençant ces notes, je me sentais en l'une de ces claires et mélancoliques dispositions d'esprit ressenties surtout certains matins lumineux en errant au galop *au pays des tombes* sur la route d'Amiche. À présent, en terminant, je ressens cette sorte d'énervement déraisonnable et sans cause qui m'est si connu et qui me fait rabrouer brutalement ceux qui m'adressent la parole...

Le 14 octobre au soir, changé de logement. Maison du brigadier Némouchi.

El Oued, le 27 octobre 1900, 9 h soir.

Le 17, été à Amiche, à la recherche de Sid-el-Hussine.

Partis vers six heures, par une matinée fraîche. Arrivés très vite, à la grande *zaouia* du *cheikh* blanc, qui semblait bien vide, bien abandonnée, aux confins des vastes cimetières tristes... Reparti avec deux serviteurs, traversé les longues successions de maisons et de jardins disséminés en un pittoresque désordre.

Zaouia de Sid-el-Imann, solitaire et délabrée, sur une crête de dunes, entourée de ruines et d'un beau jardin verdoyant. De là, tourné sur la gauche, à travers la colonie des Chaamba. Rencontré Gosenelle et le docteur... Puis, deux Chaamba portant l'un des leurs au repos éternel, sur un brancard.

Enfin, trouvé Sid-el-Hussine tout au bout de Ras-el-Amiche, sur la route de Ber-es-Sof en face des sables infinis qui conduisent à Rhadamès la mystérieuse et au Soudan lointain.

Passé la sieste avec le *cheikh* dans une étroite chambre fruste, sans fenêtre, voûtée et sablée, composant tout l'intérieur d'une maison solitaire [13].

Venu un être étrange, homme du Sud presque noir, aux yeux de braise, atteint d'une sorte d'épilepsie le poussant à frapper qui le touche ou l'effraie... et en même temps, empreint d'une douceur extrême et éminemment sympathique. Vers 3 heures, parti avec le *cheikh* pour la colonie

---

13. « Noté le 22 décembre 1900. Peu de jours après, cette maison où nous fîmes la sieste fut dévastée par le typhus qui emporta cinq personnes, entre autres, les deux vieillards. » *(Note d'I.E., en marge.)*

des Chaamba... Reparti vers 3h 1/4 seul. Arrivé coucher du soleil, dans les cimetières situés vers la droite d'Amiche. Au *maghreb,* arrêté, sur la dune surplombant les Ouled-Touati.

Vers la gauche, la plaine toute rose s'étendait, vide, bornée à l'horizon par des dunes violacées. Dans le village, des femmes en haillons bleus, peu nombreuses, et un dromadaire roux, aux formes étranges. Silence et paix absolus... Rentré vers 5 h 1/4.

Me voilà enfin arrivé à l'état de dénuement absolu qui était à prévoir depuis bien longtemps. Mais aussi, en m'amenant à El Oued, la Providence semble avoir voulu me sauver d'une perte inévitable partout ailleurs.

Qui sait, peut-être que ces coups de l'adversité ne serviront qu'à modifier mon caractère, à me réveiller de cette sorte d'assoupissement *je m'enfoutiste* qui m'envahit souvent, au point de vue de l'avenir.

Dieu fasse qu'il en soit ainsi ! Jusqu'à ce jour, je suis toujours sorti sain et sauf de toutes les passes les plus mauvaises et les plus dangereuses. Peut-être la chance ne m'abandonnera-t-elle point encore. (arabe) *Les voies de Dieu sont impénétrables.*

Aujourd'hui, été, sur Souf, route Debila, très belle, par monts et par vaux, entre des jardins un peu sauvages et de vieilles maisons en ruines.

Quelques terrains salés, petits *chott* roux parmi les grisailles blanchâtres des dunes et le vert sombre des palmiers.

Arrivé jusqu'à l'abattoir situé au milieu d'un *chott* plus étendu, environné de dunes... Aspect d'abandon et de tristesse.

Le 4 novembre 1900.

Ce matin, été, sur Souf, dans les dunes et les jardins qui séparent la route de Touggourt de celle de Debila. Sentiers ardus, au sommet des dunes, surplombant les jardins profonds.

Il avait plu, cette nuit, et le sable était mouillé, d'une teinte jaunâtre, avec une légère odeur saline, fraîche et agréable [14].

Au loin, sur la route du Djerid et vers l'est, du côté de Tréfaouï, les hautes dunes semblaient azurées comme les vagues d'une mer tourmentée.

Sur les coteaux monotones, quelques plantes grasses ont poussé, sortes de sédums grêles, d'un vert clair. Dans les jardins, les carottes et les poivrons jettent des tapis d'un vert éclatant, sous les palmiers débarrassés de leur poussière grise. Tout revit, et cet automne d'Afrique ressemble bien aux étés de là-bas, au pays d'exil, surtout le soir, au coucher du soleil.

Mon existence est toujours la même, monotone et sans variations sensibles. Depuis quelque temps, elle est même devenue très retirée, se partageant entre ma maison que je ne considère que comme un campement,

---

14. « L'automne reviendra, là-bas, au pays des dunes livides. De nouveau, sous le ciel plus pur, le soleil rayonnera moins brûlant et le vent frais du matin dissipera la brume fraîche de la nuit, et le sable humide répandra ses senteurs marines. Et l'horizon bleuira, et les jardins reverdiront... Mais moi, je n'y serai plus, pour errer et pour rêver. Tout sera semblable en l'immuable décor du Sahara aimé... Mais nous n'y serons plus, pour voir et pour rêver... Nous serons loin, loin sur la terre d'exil... Batna, 1er avril 1900. » *(Note d'I.E., en marge.)*

puisque nous devons l'échanger bientôt contre une autre, et celle de Mansour. Autrement, je vais chez Abd-el-Kader auquel je commence à m'attacher sincèrement. Si je pouvais trouver chez lui quelques livres, cela me serait une grande consolation.

Quant à Slimène, rien de changé, sauf que, de jour en jour plus je m'attache à lui et il devient vraiment un membre de ma famille, ou plutôt *ma famille*... Que cela dure éternellement ainsi, même ici, dans les sables immuablement gris...

Cependant, je m'arrête parfois sur la pente glissante de cet assoupissement qui m'envahit de plus en plus et je ne puis que m'étonner de mon extraordinaire destinée...

Venir, après tant de grands rêves, tant de vicissitudes, échouer dans un oasis perdu au fond du désert!...

Et quelle sera la fin de cette situation présente?...

El Oued, commencement de novembre 1900.

Le péché, c'est-à-dire le *mal,* est l'état naturel de l'homme, comme il est celui de tous les êtres animés...

Tout le *bien* que nous faisons n'est souvent *qu'illusion.* Si, par hasard, c'est une *réalité,* alors, ce n'est que le résultat d'une lente et douloureuse victoire que nous avons remportée sur notre naturel qui, loin de nous pousser à faire le bien, nous en éloigne sans cesse...

« À son réveil ce matin, il s'était tout de même senti angoissé, envahi comme d'un pressentiment de mort, en présence de cet acte irréparable » (Pierre Loti, *Matelot*).

Souvenir de réveil à bord, le 22 juillet 1900...

Noté à *El Oued (hôpital) le 6-11-1900.*

El Oued, le 1ᵉʳ décembre 1900.
Maison Salah ben Taliba.

Il pleut... Le temps est gris et sombre et la dune a pris son air endeuillé des mauvais jours...

Le commencement de décembre ressemble singulièrement à celui de la funeste année 1897... Même temps, même vent violent, fouettant furieusement le visage... Mais alors, j'avais pour horizon l'immensité grise de la Méditerranée en furie, battant les rochers noirs du Lion avec un fracas de cataclysme... Et, en mon âme très jeune encore, malgré le deuil si récent et si cruel, la joie *de vivre* existait encore, latente, puissante...

Mais depuis lors, tout a changé, tout, même mon âme vieillie, mûrie par une destinée étrange, tourmentée, prodigieuse... Oui, tout est changé... Augustin a enfin trouvé son port, le « havre de grâce » d'où, semble-t-il, il n'est plus destiné de sortir... Après tant de vicissitudes, après tant d'aventures, il s'est enfin calmé et d'une étrange façon.

Quant à moi, je *crois* aussi, ou plutôt je *commence à croire* que j'ai aussi trouvé mon port.

Moi, à qui le paisible bonheur dans une ville d'Europe ou du Tell ne suffira jamais, j'ai conçu, en une heure d'inspiration, le projet hardi, pour moi réalisable, de m'établir au désert et d'y chercher à la fois la paix et les aventures, choses conciliables avec mon étrange nature.

Le bonheur domestique est trouvé et, loin de diminuer, semble se raffermir de jour en jour...

Et seule la politique le menace... Mais hélas! (*ar.*) *Allah sait les choses cachées des cieux et de la terre!* et nul ne saurait prévoir l'avenir.

Été, il y a juste quinze jours, ce soir, à la rencontre du *bien-aimé* jusqu'au-dessous de Kouïnine, de nuit.

Sorti, sur Souf, par une obscurité grise, donnant le vertige... Perdu la route plusieurs fois... Sensations étranges, dans la plaine avec l'horizon semblant remonter en forme de dunes, et les villages représentant des haies de *djerid*...

Souvenu du passage d'*Aziyadé* où il est question des tombeaux de Stamboul, éclairés de veilleuses solitaires, en me trouvant subitement devant la porte de la *koubba* du cimetière de Teksebet.

Pendant quelques jours, été tous les après-midi, avec Khalifa Tahar ou seul, sur la route de Debila... Jardins à fleur de sable, mélancoliques palmeraies, clôtures avec, pour arrière-plan, les éternelles dunes du Souf.

Eu, un jour de promenade solitaire, une sensation singulière de *rappel,* de retour vers le passé mort...

En passant dans le *chott,* arrêté mon cheval sous les palmiers. J'avais les yeux fermés et je rêvais, en écoutant le vent bruire dans le feuillage... Rappel des grands bois du Rhône, et du parc sarrazin aux heures pensives des soirs d'été... L'illusion fut presque absolue. Mais aussitôt, un brusque mouvement de Souf me rappela à la réalité... Je rouvris les yeux... Les dunes s'étendaient, à l'infini, moutonnantes et grises, et au-dessus de ma tête, le feuillage qui bruissait était celui des *djerid* coriaces... Instant de mélancolie profonde...

Un autre jour, été sur cette même route avec Slimène.

Retour, seul, par les dunes et les derrières de la ville... Coucher de soleil merveilleux... Nuages rouges dans un ciel d'opale empourpré... Passé, à l'heure du *maghreb,* devant la mosquée du haut de la ville où se pressaient des formes blanches dans le rayonnement d'apothéose inondant la terre.

Derrière notre maison, au pied de la dune s'élève, à côté d'un enclos contenant trois palmiers bas, une petite mosquée d'aspect tout africain, bâtie en plâtre ocreux, semblant du *toub...*

Il n'y a qu'une petite *koubba* ovoïde à contreforts. Derrière elle s'élève un beau dattier qui, depuis notre terrasse, semble émerger de la *koubba* elle-même. Hier, au *maghreb,* monté là-haut... Dans l'embrasement du couchant, des silhouettes grises, empourprées, circulaient devant la poste, au loin... Et là, à ma droite, tandis que le petit dôme rougeâtre semblait incendié et que la voix traînante du *mueddine* répétait la prière du soir à tous les horizons du ciel, de sa voix traînante et lente, des hommes descendaient de la dune, dans la gloire de l'heure mélancolique.

Ces jours derniers, les souvenirs poignants de la fin de l'*Esprit blanc* sont venus me hanter...

El Oued, le 14 décembre 1900, 2 heures soir.

Après deux jours de souffrance et d'ennui, je semble recommencer à vivre.

Il fait de plus en plus froid. Hier soir, un épais brouillard régnait, me rappelant les brumeuses journées de la *terre d'exil*.

L'hiver sera rude à passer ici, sans feu et sans argent… Et cependant, je n'ai point envie de le quitter, cet étrange pays…

L'autre jour, assis avec Abd-el-Kader dans la cour de la *zaouia* d'Elakbab, je considérais avec étonnement le décor étrange : têtes singulières, à moitié voilées de gris, de Chaamba bronzés… figures presque noires, énergiques jusqu'à la sauvagerie, de Troud du Sud… tout cela, dans la cour délabrée de la *zaouia,* entourant l'énorme *cheikh* roux aux doux yeux bleus…

Destinée singulière de jour en jour, plus que la mienne ! Et cependant, si je regrette quelque chose, c'est mes rêves de travail littéraire… Hélas, seront-ils jamais réalisés ?

Parmi mes souvenirs du Sud, celui qui sera, sans doute, le plus vivace, sera certes celui de cette mémorable journée du 3 décembre où il me fut donné d'assister au plus beau des spectacles : la rentrée du grand *marabout* Si Mahmoud Lachmi, l'être indéfinissable, fascinant, attirant qui me charma, à Touggourt, par l'étrangeté de sa personnalité… Homme d'un autre âge, aux pensées et aux attitudes de jadis. Si Lachmi est fait pour exercer un ascendant étrange sur les âmes aventureuses… Singulière griserie, en ce matin irisé et pur d'hiver, que celle de la poudre, de la musique sauvage des Nefsaoua des *bendi,* des cris frénétiques de la foule acclamant le descendant du Prophète et du Saint de Bagdad, et des galopades furieuses, insensées, dans la fumée et le bruit…

24 décembre 1900 (Ramadane).

D'une manière fort inattendue, malgré ma maladie, ma faiblesse, les ennuis du jeûne et ceux, bien plus graves, d'ordre matériel, ces nuits et ces matinées de *Ramadane* me réservaient des sensations calmes et agréables de sérénité, presque de joie.

Il m'a aussi été très doux de constater que l'ami des vieux jours, bons ou mauvais, mais surtout mauvais, Augustin, se rappelle encore cette fraternité d'esprit qui nous unissait jadis, de près ou de loin, malgré toutes les embûches et les entraves que la vie semblait vouloir mettre sans cesse entre nous...

De jour en jour plus, je constate qu'il n'y a, en effet, qu'un seul moyen de vivre sinon tout à fait heureux, puisqu'il y a la maladie, la misère et la mort, au moins calme : c'est de s'isoler le plus possible des hommes, sauf quelques rares élus et, surtout, de ne point *dépendre d'eux.*

La société arabe, désorganisée, viciée par le contact de l'étranger, n'existe même pas ici telle qu'elle est dans les grandes villes. Quant à la société française... d'après ce que j'ai constaté par le lieutenant de tirailleurs et le docteur surtout [15], elle a beaucoup perdu ici. Le seul être pensant et bon qu'il y avait ici, c'était mon vieux Domercq avec lequel je pouvais parler des choses de l'âme et de l'esprit.

---

15. « Cécité des jugements humains : peu de temps après, j'ai eu l'occasion d'apprécier la grande bonté et l'intelligence réelle de ce même docteur. Batna, 13 avril 1901. » *(Note en marge.)*

Le 28 janvier 1901, 8 heures matin.

Une fois de plus, tout est bouleversé, brisé, dans ma triste existence : finie la vie alanguie et douce, dans le prestigieux décor des sables mouvants! Finie la quiétude délicieuse à laquelle nous nous abandonnions tous deux!

Le 23 au soir, nous avons appris, par un hasard providentiel, la relève de Slimène, et le retour à Batna... Heure d'indicible angoisse, de désespoir presque...

D'ailleurs, à la tristesse infinie du départ, de la vie dure de Batna, plus loin l'un de l'autre, s'ajoutait l'anxiété de la situation matérielle, les 100 fr. de dettes, somme dont nous n'avions pas le premier sou.

Nuit lugubre, sans sommeil, passée à fumer du kif et à boire. Le lendemain matin, course angoissée, rapide, chez Sidi Lachmi. Trouvé entouré des pèlerins qui partiront demain pour la grande *ziara* du grand *cheikh* de Nefta. Passé plus d'une heure, le cœur serré, l'esprit ailleurs, à parler de choses futiles, du bout des lèvres. Enfin, pris le *cheikh* à part et convenu de revenir après le *maghreb* avec Slimène. Rentré au grand trot, brisé, les jambes raidies dans les étriers.

Trouvé Slimène à moitié fou, hagard, presque inconscient de ce qu'il faisait. Le soir, un peu avant le *maghreb*, parti sur Souf. Envoyé Aly avec les *burnous* de Slimène dans le cimetière des Ouled-Ahmed. Au coucher du soleil, arrivé aux dernières tombes disséminées sur la route. Angoisse profonde en ne voyant pas venir le bien-aimé. Depuis longtemps, je n'avais pas eu le cœur aussi serré que ce soir-là. Des idées lugubres se pressaient dans ma tête enfiévrée.

Enfin, après l'*edden* du *maghreb,* à la tombée de la nuit, Slimène arrive, par la route de la mosquée des Ouled-Ahmed. Nous partîmes au galop jusqu'au jardin de Hama Ayéchi, laissant Aly que j'avais envoyé au quartier.

Course sinistre à la lueur vague du croissant de Safar-el-Kheir… Crainte aiguë de voir Slimène tomber de cheval, angoisse de savoir ce que le *cheikh* ferait pour nous… Enfin, nous arrivons, nous répondons avec impatience aux salutations réitérées de Guezzoun et des autres serviteurs et nous voilà seuls, assis devant le *cheikh,* dans la vaste salle sablée, aux voûtes basses et puissantes… Une bougie éclaire le grand tapis rouge sur lequel nous sommes assis, laissant dans une ombre vague les coins de la chambre.

Un grand silence lourd s'est fait. Je sens bien que mon pauvre Rouh' ne peut parler, et moi-même, il me semble que quelqu'un m'étrangle.

Je vois que Rouh' pleure et j'ai envie d'éclater moi aussi.

Mais le *cheikh* nous rappelle que l'on peut venir, qu'il ne faut pas se trahir…

Longtemps, je tâche, dans mon trouble, de lui expliquer ce qui nous arrive et quelle est notre situation… il se tait, accablé, comme absent.

Enfin, le *cheikh* et moi, nous échangeons un regard où je tâche de mettre toute mon âme, lui montrant Rouh' qui commence à perdre connaissance totalement, brûlant de fièvre… Alors, le *cheikh* se lève et entre dans sa maison… il était temps, ses yeux étaient voilés.

Il revient après un instant et pose devant Rouh' 170 francs en disant : « Dieu paiera le reste. »

Alors, sans rien dire, sans même prendre les billets,

Rouh' les regarde et rit, d'un rire fou qui nous fait peur au *cheikh* et à moi... Rire silencieux qui était plus triste à voir que des larmes.

Je me demandais avec angoisse s'il n'allait pas perdre la raison tout à fait. Enfin, je sors, derrière la *zaouia*... Au loin, les dunes lugubres de la route de Taïbet Guéblia dormaient dans l'imprécise lueur lunaire.

Devant moi se dressait, dans le sable pierreux, la silhouette étrange du petit cimetière des enfants du *cheikh* où dorment tant d'êtres innocents, à peine éclos à la vie et aussitôt emportés dans les Ténèbres mystérieuses de l'au-delà. Petites âmes dont les yeux terrestres s'ouvrirent à peine sur le grand horizon des dunes stériles et s'éteignirent aussitôt...

Dans les sables que le vent d'ouest a accumulés contre le mur épais, aux lourds contreforts, je m'arrête et, dans le silence profond, je vois le passage furtif, tout près de moi, d'une indéfinissable bête de nuit, fuck ou petit renard de sables, qui sait? Les yeux au ciel, je récite à voix basse la *fatiha,* en un élan sincère vers Dieu et j'implore l'Émir des Saints dont je porte le chapelet et que je sers...

Je rentre... Puis, nous repartons, le cœur allégé, mélancoliques cependant...

Nous craignons de nous perdre, dans les immenses cimetières et dans les dunes blafardes...

En effet, nous rentrons par le village à l'est des Ouled-Touati. En passant par l'étroit sentier qui surplombe le profond jardin de Hama Ayéchi, nous regardons l'étrange spectacle : les palmiers, à nos pieds, dorment dans l'ombre... Entre leurs troncs filtrent quelques rayons argentés, vaguement roses.

Très bas vers l'horizon occidental, au-dessus des dunes immenses qui dominent le cimetière israélite, le croissant renversé de la lune prête à se coucher.

Il est près de dix heures et aucun son ne vient troubler le silence des solitudes désolées où nous sommes. Tout semble prendre, ce soir-là, ces aspects particuliers des choses, aux jours où nos destinées éphémères se décident...

Un profond mystère règne alentour et tous deux, intensément, nous le ressentons. Nous nous taisons et écoutons le bruit mou des sabots de nos chevaux dans le sable brassé de la route.

Quand nous entrons dans le cimetière des Ouled-Ahmed, la lune se couche : pendant un instant, seules les deux cornes rouges du croissant apparaissent à la crête de la grande dune, spectacle étrange, inquiétant... puis, c'est fini, tout sombre dans la nuit...

Nous avons à peine avancé, de peur de buter et de tomber : la route est parsemée de tombeaux. Au départ, après le *maghreb,* des *misbah* brûlaient dans le cimetière, dans les petites nécropoles grises, flammes falotes dans la lueur finissante du jour : c'était une nuit de vendredi.

Maintenant, tout est retombé dans l'ombre, les lumières sont éteintes et les tombeaux sommeillent dans l'obscurité. Ah ! quitter ce pays et, peut-être, ne jamais le revoir !...

Le lendemain, Slimène prévient Embarek et le brigadier Saïd qui se sont révélés tous deux braves et honnêtes cœurs.

Avant-hier, vers huit heures, parti avec Aly pour Guémar. Passé par le cimetière et la route de Sidi Abdallah. Puis, obliqué vers l'ouest de Teksebet et passé sous Kanimine, un peu à droite de la route de Touggourt.

Matinée fraîche, quelques nuages. Arrivés dans les dunes, laissé Aly derrière moi et parti au galop, puis au trot.

Aspects désolés de la grande plaine de Tarzout, avec, à l'horizon septentrional, la silhouette de la grande *koubba* des Ti Djouya... De loin, les palmiers de Tarzout et de Guémar qui se confondent à l'horizon de la plaine morne où s'étendent les cimetières immenses donnent assez bien l'illusion de l'arrivée à Touggourt, vue depuis les dernières dunes de la route du Souf... Même plaine grise et ligne noire des palmiers parmi les maisons blanchâtres. Pensé, avec un serrement de cœur intense que, dans peu de jours, il faudra prendre cette route, et remonter vers le nord, et peut-être pour la dernière fois, hélas !

— C'est bien en ces jours d'angoisse, d'incertitude et de tristesse que je sens combien je me suis attaché à ce pays et que, où que je sois désormais, je regretterai toujours amèrement le pays du sable et du soleil, des jardins profonds et des vents roulant des nuages de sable à la surface des dunes qu'ils façonnent capricieusement, à travers les siècles toujours pareils et monotones.

Contemplé les étranges cimetières, celui surtout au-dessous de Tarzout, à droite : les tombeaux en forme de cloches pointues, les petites *koubba* en forme de tours à contreforts, tout le pittoresque désordre de ces nécropoles environnant les deux villes sœurs : Tarzout et Guémar.

Trouvé facilement la *zaouia* délabrée de Sid-el-Houssine. Entretien triste, dans la chambre pauvre s'ouvrant sur la vaste cour encombrée de pierres aux formes étranges...

Enfin, sorti dans la cour extérieure, j'aperçois la silhouette rouge de Rouh' prenant la route du marché et j'envoie Aly courir à sa poursuite...

Au récit de nos souffrances et en face de Rouh' qui a l'air d'un déterré, le bon *cheikh* pleure, en songeant à notre prochaine séparation…

À lui aussi, bien des souvenirs nous lient… Mes courses avec lui, à Amiche et à Ourmès, nos longs entretiens et le mystère des entreprises communes…

Un peu avant l'*asr*, nous partons… Nous nous séparons dans les dunes de Kouïnine. Avec Aly, je reprends la route d'El Oued, vers l'ouest, laissant Kouïnine vers la gauche. Quelques femmes voilées de bleu rentrent, courbées sous le poids des *guerba* pleines…

Dès que nous avons dépassé Kouïnine, je repars seul, au galop, espérant rattraper Slimène.

C'est trop tard, et je rentre, à la tombée de la nuit, par la route déserte du cimetière de Sidi Abdallah.

Le 29 janvier, 9 h matin.

Avant-hier, vers 4 h 1/2, Aly m'annonça que Guezzoun lui avait dit que Sidi Elimam devait partir hier (le lendemain) pour Nefta… Pendant assez longtemps, j'hésitai : cependant, il fallait bien voir Sidi Elimam et tenter auprès de lui la démarche qui avait si bien réussi auprès de ses deux frères.

Enfin, un quart d'heure environ avant le *maghreb,* je partis sur le cheval de Dahmane.

Course rapide, dans la lueur rouge du couchant.

Dans le village situé au-dessous de la *zaouia* d'Elbayada, j'entendis l'*edden* du *maghreb*. Enfin, je vis, sur la petite colline basse, se dresser la silhouette à deux coupoles de la vieille *zaouia* de Sidi Abd-el-Kader, la première en date dans le Souf...

Le village commençait à s'estomper en des ombres bleuâtres, transparentes et molles. Disposition d'esprit plutôt calme et bonne.

Trouvé... *(Interrompu ce jour-là.)*

Parti pour Behima vers 10 h 1/2, rentré le lendemain 30, vers 3 heures soir.

Entré à l'hôpital le 30 janvier...

Où es-tu mon inoubliable ami, mon ami véritable et unique?
Où es-tu, toi de qui la voix nous parlait de vérité et d'amour?
Où es-tu, et toi bonne et simple Chouchka, où es-tu?

« Vous avez su deviner, au milieu de la poussière et de la pourriture qui avaient envahi mon âme d'alors, ce qui brûlait encore en elle, la sainte étincelle de lumière. Merci à vous, chers, charmants et inoubliables! Merci!

« À l'heure de la douleur et de la souffrance, dans les tenailles de la séparation, vos souvenirs chers se lèvent devant moi de l'ombre du passé. Le sort nous réunira-t-il encore? »

Marseille, 23 juin 1901, 9 heures du soir. — « Je suis seule à la maison; il fait sombre et triste ici, et celui qui m'éclaire est loin. Où êtes-vous, chers? »

3 février 1901.

Est-ce pour longtemps – ô Vie – que mon destin est
d'errer par le monde ?
Où es-tu, Port où je pourrai me reposer ?
Où est le regard que je pourrai admirer ?
Où est la poitrine contre laquelle je pourrai m'appuyer ?
Éternellement seul…

« Hélas ! il y avait ici au milieu du désert aux teintes grises, le port. Il y avait aussi les yeux honnêtes d'un ami frère, et l'honnête poitrine, mais tout est parti ! »

Ce matin (3 fev. 1901) en un instant de tristesse attendrie, mystérieuse : devant la porte de la salle morne, sur le sable gris, une petite mésange singulière, grise comme le sable du désert, montée sur de longues pattes grêles, avec, sur son poitrail perlé, une collerette noire, était venue sautiller et chanter, me rappelant la *terre d'exil…* Eu l'impression à la fois attendrie, douce, et angoissante, que c'était peut-être l'âme de l'*Esprit blanc* qui venait, sous cette forme gracieuse, consoler mon âme oppressée dans la cité dolente…

Plus que jamais, je me perds dans l'indicible, dans ces tréfonds obscurs de mon âme et je me débats dans les ténèbres. Le rêve est sombre… Quel en sera le réveil et quel en sera le lendemain ?

3 février 1901.

Impressions de printemps de jadis, pâle et lumineux.

(ar.) La fortune et nos parents nous sont donnés en dépôt,
Et il est nécessaire que nous les restituions un jour.

(rus.) *Souvenir de l'*Esprit blanc.
(ar.) Le même jour : toujours la même pensée, les mêmes élans,

Vers des années écoulées, vers l'amour parachevé.
Endors-toi dans ma poitrine, Serpent du souvenir !
Ne trouble pas mon triste repos !
De ses yeux qui, sous l'orage de la vie,
Puisaient pour moi jadis la chaleur de l'amour,
Dans la terre humide, sous la dalle de pierre,
Je sais : depuis longtemps, il ne reste aucune trace !
   Ombres brumeuses du passé,
   Larmes sereines du passé,
Oh ! pourquoi vous êtes-vous réveillées, inattendues,
Dans un cœur douloureux et gémissant ?
Allez-vous-en. Ne trompez plus par votre charme,
   Mon âme morte, lasse de vivre !

« … Tout sent le printemps. Au-dessus des voûtes de la maison grise d'en face, la voûte resplendissante du soleil étincelle… Et moi, je m'angoisse et je souffre sur un pauvre lit d'hôpital seul et abandonné ! »

9 février 1901.

Le mal, étant un *désordre* dans le fonctionnement des lois de Dieu, ne peut fatalement suivre dans son accomplissement une voie régulière. Voilà pourquoi, dans tout calcul malfaisant, il y a une foule de mailles déchirées et une foule d'embûches.

Par son essence même, le mal ne peut que mal finir pour celui qui en est l'instrument.

Pensée qui m'est venue ce soir, après l'heure extraordinaire, l'heure indéfinissable du *maghreb* où j'ai senti surgir en moi tout un monde de sensations nouvelles, un processus, un acheminement vers un but que j'ignore, que je n'ose deviner.

Oui, en ces heures, les plus troublées de ma vie, mon âme est en mal d'enfantement

Quel sera le lendemain, quand j'aurai cessé d'errer dans les ténèbres ?

Nous vivons en plein mystère et nous sentons, tous deux, l'aile puissante de l'Inconnu nous effleurer, parmi les événements vraiment miraculeux qui nous favorisent à chaque pas…

Ce soir, vers cinq heures, l'on a transféré Abdallah Mohammed dans une cellule de la prison.

Je l'ai vu venir et je l'ai regardé, pendant que les tirailleurs le fouillaient… Impression poignante de pitié profonde pour cet homme, instrument aveugle d'une destinée dont il ignore le sens… Et eu, de cette silhouette grise, debout la tête courbée, entre les *turcos* bleus, l'impression peut-être la plus étrange et la plus profonde de *mystère* que j'aie jamais éprouvée.

J'ai beau chercher au fond de mon cœur de la haine pour cet homme, je n'en trouve point. Du mépris encore moins.

Le sentiment que j'éprouve pour cet être est singulier : il me semble, en y pensant, côtoyer un abîme, un mystère dont le dernier mot... ou plutôt dont le premier mot n'est pas dit encore et qui *renfermerait tout le sens de ma vie.* Tant que je ne saurai pas le mot de cette énigme – et le saurai-je jamais! Dieu seul le sait – je ne saurai ni *qui* je *suis,* ni quels sont la *raison* et le *but* de ma destinée, l'une des plus prodigieuses qui soient.

Il me semble bien, cependant, que je ne suis point destiné à disparaître sans avoir eu conscience de tout le mystère profond qui environne ma vie, depuis ses singuliers débuts jusqu'à ce jour.

« Folie » diront les incrédules amoureux des solutions toutes faites et que le mystère impatiente.

Non, car la perception des abîmes que recèle la vie et que les trois quarts des hommes ignorent et ne soupçonnent même pas, ne peut être traitée de folie qu'au même titre que le dédain de l'aveugle-né pour les descriptions qu'un artiste lui ferait des splendeurs d'un coucher de soleil ou d'une nuit étoilée.

Il est facile de tranquilliser son âme peureuse, effarouchée par le voisinage de l'Inconnu, au moyen d'une explication banale, puisée dans la fausse expérience des hommes et dans les « idées courantes », ramassis informe de bribes d'idées sans suite, de connaissances superficielles et d'hypothèses prises pour des réalités par l'incommensurable lâcheté morale des hommes!

Si l'étrangeté de ma vie était le résultat du *snobisme,* de la *pose,* oui, l'on pourrait dire : « C'est elle qui l'a voulu »… Mais non ! Jamais être ne vécut plus au jour le jour et plus au hasard que moi et ce sont bien les événements eux-mêmes, par leur inexorable enchaînement, qui m'ont conduit où je suis et non point moi qui les ai créés.

Peut-être toute l'étrangeté de ma nature se résume-t-elle en ce trait fort caractéristique : chercher, coûte que coûte, des événements nouveaux, fuir l'inaction et l'immobilité.

Le 5-II-1901, 2 h 1/2 soir [16].

« Et rien de ce que je pourrais dire, dans des pages entières ou des volumes, ne rendrait la mélancolie sans nom de cette impression-là… » *(Fantôme d'Orient.)*

Je songe à El Oued, à la chère maison voisine des dunes pulvérulentes… J'y suis encore, dans la ville unique, mais je n'ai plus l'impression d'y être… et quand, par les créneaux de la muraille, ce matin, je regardais, en face, le café, la rue et le mur de la maison du *caïd* des Messaaba, il me semblait que je regardais un paysage quelconque, par exemple celui d'une ville, inconnue, n'importe laquelle, vue du pont d'un navire, pendant une courte escale… Le lien, profond et presque douloureux qui m'y attachait, a été brutalement brisé… Je n'y suis plus qu'un étranger…

Vraisemblablement, je partirai avec le convoi du 22,

---

16. « Changement de pansement et enlèvement des drains le 5, 9 h 1/2 matin. » *(Note d'I. E., en marge.)*

soit dans dix-sept jours... Et ce sera fini, peut-être pour l'éternité.

Il ne me restera plus, de cette vie de six mois, que le souvenir doux, mélancolique et insondablement nostalgique... et l'affection sans doute immuable de l'être bon et honnête qui fut à mes côtés aux heures les plus cruelles et qui, malgré toute la difficulté de vivre auprès de moi, m'appartient entièrement, pour jamais, sans doute... C'est, certes, le seul que j'aie jamais aimé, aimé d'amour comme fraternellement, et en qui j'eusse eu la plus absolue confiance.

Enfin, au fond de toute ma misère, je sais que, de par le monde, il est un être prêt à partager ma vie, quelle qu'elle soit, qui estime en moi ce qu'il y a de bon et qui pardonne ce qu'il y a de mauvais, qui tâche de l'atténuer en guérissant les plaies saignantes de mon cœur.

Réminiscence. — Le soir du jour où Abd-el-Kader avait reçu sa révocation, nous nous rendîmes, en grand mystère, à la *zaouia* d'Elbeyada, vers 6 heures.

Précédés par Aly, nous marchions prudemment, nous étant rencontrés près du cimetière chrétien. Nous prîmes la route ouest (inférieure). J'étais malade...

Je me souviens d'avoir eu un instant, derrière la *zaouia,* la sensation angoissante que je ne pourrais remonter à cheval. Ma tête tournait et une indicible lourdeur envahissait mes membres.

Au retour, dans la nuit profonde, sous la voûte moirée aux irradiantes étoiles, vers 9 heures, nous arrivons aux premières maisons de la ville. Un silence lourd régnait, troublé seulement par le cliquetis régulier des mors arabes dans la bouche meurtrie des chevaux...

Mais bientôt les chiens féroces des Souakria, élevés dans les *bordj* solitaires de l'*oued* Souf, nous éventèrent et commencèrent leur vacarme aigu. En ce moment, à l'horizon occidental, une étoile filante se détacha et descendit lentement dans la direction de la route d'Allenda... Soudain, éclatant comme une chandelle romaine silencieuse, elle grandit et flamba en un incendie bleu, irisé, superbe, qui, pendant un clin d'œil, illumina tout le pays livide...

Puis tout s'éteignit, et les étoiles reprirent leur scintillement impassible et paisible.

« C'est le flambeau des Saints... Quelquefois, la nuit, il descend ainsi vers ceux qui doivent mourir. »

La voix d'Abd-el-Kader s'éteignit dans le silence, et nous regagnâmes, muets, ma demeure.

Et une fois de plus, à pareille époque, dans un an, où serai-je, sous quel ciel et sur quelle terre ?

Le jeudi 7-II-1901, 8 heures soir.
(Suite du récit interrompu le 29 janvier,
par le départ de Behima.)

En arrivant dans la vaste cour, trouvé les serviteurs. Sidi Elimam était encore en train de réciter son chapelet après la prière du soir.

En l'attendant, j'écoutais les *tolba,* dans la vaste mosquée déjà emplie d'ombre, réciter le Coran, en cadence et lentement...

Enfin, je vis apparaître le *cheikh*... Assis sur la natte, sous le mur, j'attendais avec impatience que les nombreux visiteurs eussent salué Sidi Elimam. Enfin, nous nous retirâmes dans la vaste pièce sablée, sous la première coupole.

Puis, pendant que le *cheikh* était rentré pour commander le dîner et préparer ce que je lui avais demandé, je m'accoudai au mur de la mosquée près de l'une des fenêtres ouvertes.

Dans la lueur vague d'une chandelle collée contre l'un des murs, les groupes grisâtres des fidèles apparaissaient confus. Lentement, en cadence, ils répétaient le *dikr* de Djilani :

(ar.) Il n'y a pas d'autre Dieu que Dieu!

Tristesse profonde et douce. Soupé, seul avec le *cheikh*, dans l'une des pièces de la vaste *zaouia*, servis par les étranges négresses parlant entre elles la langue du Bornou lointain, aux accents plaintifs et chantants.

Repartis par une nuit de lune limpide et transparente, très vite. Arrivés vers 10 heures.

La dernière fois que je suis allé à Elakbah, avec le toubib, revenu en passant par les dunes de la route de Trefaouï. Repris la grande route à Elbayada.

Jamais les jardins du Souf ne m'ont semblé aussi beaux, sous la grande lumière dorée de l'après-midi. Impression de tendresse profonde pour ce pays dont je n'ai peut-être jamais ressenti la splendeur avec autant d'intensité.

Le 12 avril 1901, à Batna.

Relu ce registre mélancolique, après une affreuse journée d'ennui lourd et de morne tristesse.

Le sirocco souffle depuis quelques jours, la chaleur est

devenue étouffante. Je me sens accablé et malade... Encore environ trois cent dix jours de cette insupportable vie !

En effet, ces onze mois de vie recluse et forcée à Batna auront été peut-être la plus dure de toutes les épreuves de ma vie. Ce qui me tourmente, ce n'est pas la pauvreté, c'est la misère, c'est-à-dire l'absence de ce strict nécessaire sans lequel on est l'esclave des éternelles préoccupations matérielles, des éternelles angoisses pour le lendemain.

Mille fois bénis soient, en comparaison, les angoissantes dernières journées d'El Oued, et la catastrophe de Behima, et les premiers jours à l'hôpital. C'était de la souffrance... Ici, c'est l'ennui, l'ennui morne de vivre parmi des êtres sans intelligence, dans l'horrible médiocrité et au milieu de l'indiscrétion de femelles indignes du nom d'êtres humains. Oh ! à quand, pour nous deux, la solitude bénie et le silence du désert, loin des hommes et de leur sottise !

Le seul être dont la présence ne me soit point à charge, en dehors de Slemane, est Khelifa, le simple et bon serviteur, lien avec le passé, qui me parle de notre Souf et des jours écoulés. Les seules heures où je puis goûter quelque repos, ce sont celles des nuits, auprès de Rouh', en cette *calme sécurité* que nous donnent ces heures où rien ne vient nous séparer, et celles aussi où, seul avec mon Souf, je rêve en face des champs inondés de lumière, loin de la ville, l'une des plus ignobles et des plus bêtes qui soient, dans le silence reposant des herbes et des fleurs, aux chants naïfs des oiseaux heureux de vivre.

Ici, ou chez Lamri, ou n'importe dans quel milieu où je ne suis point en tête à tête avec Rouh', ou bien tout à fait seul, je sens un énervement, une colère sourde me prendre contre les gens et les choses, et un dégoût insurmontable.

Ce registre contient au moins une sorte de *schéma* de ma vie, de mes pensées et de mes impressions pendant la période la plus étrange, la plus agitée et aussi, sans doute, la plus décisive de ma vie.

Commencé par les citations, à la veille de mon départ de Paris, continué à Marseille, Genève, Alger et surtout à El Oued, ce livre reflète bien les tristesses, les errements et les angoisses de cette époque-là, si récente, mais maintenant morte et enterrée.

En réalité, cette période de ma vie s'est terminée à Behima, le 29 janvier...

Troisième Journalier

Notes, pensées et impressions
comm. à l'hôpital Militaire! El Oued, février 1901

« Au nom du Dieu puissant et miséricordieux ! »

(ar.) Tous ceux qui sont sur la terre sont mortels; seul subsistera ton Dieu vénérable et digne de louange.
« Oh ! l'amer et irrémédiable chagrin de ne plus pouvoir jamais, jamais échanger avec elle une seule pensée ! »
(P. Loti. *Fantôme d'Orient*).

(rus.) La longue nuit d'hiver, sans sommeil, se traîne interminablement parmi le silence mort. Ici, dans la salle étroite et exiguë de l'hôpital, il fait sombre et on y étouffe. La veilleuse, accrochée au mur, près de la fenêtre, éclaire faiblement le pauvre et triste tableau : les murs humides au soubassement jaune, deux lits blancs de soldat, une petite table noire, des planches avec des livres et des flacons... La fenêtre est voilée par une

couverture militaire… Dans l'énorme cour de caserne, pas un son… De temps en temps, parvient jusqu'à ma fine ouïe de malade un aboiement lointain, prolongé… Puis tout redevient silencieux. Tchou! On entend un chuchotement, un pas de soldat, régulier, mécanique. Puis un bruit sec de crosses de fusil, un court et froid commandement… Puis de nouveau des pas qui s'éloignent à droite, dans la direction de la caserne d'infanterie. La garde aux portes a été relevée… De nouveau un silence tombe… Et moi, je languis solitaire. Ma tête blessée et ébranlée brûle… Tout mon corps me fait mal. Quant au bras à moitié brisé, je ne sais pas où le poser. Il me fait souffrir, me gêne et est horriblement lourd. De mon bras droit intact je le transporte d'une place à l'autre avec ennui… Pas de repos nulle part. N'importe où je le pose, j'ai mal, mal jusqu'à en avoir la nausée…

Dans ma tête malade, enflammée, se glissent des pensées sombres, terribles. Ma situation me paraît encore plus malheureuse et plus inextricable qu'elle ne l'est en réalité. Le désespoir s'empare de mon âme. Ma poitrine est enchaînée par une froide épouvante. « Oui, je n'échapperai pas des mains des assassins… » Et tous, tous, même le docteur, sont du complot. Puis soudain mon regard tombe sur le règlement joliment calligraphié sur une feuille de papier blanc, accroché au mur…

Dans la chambre, il fait demi-obscur, mais je commence, presque avec désespoir, à lire ces lignes banales. L'effort fait mal à mes yeux fatigués, mais je m'efforce quand même à déchiffrer cette écriture de sergent serrée et arrondie… Et l'impossibilité de déchiffrer ces lignes m'opprime, me met au désespoir.

Puis tout à coup, je me remémore les détails de la journée fatale... Me voici, frappé d'un coup à la tête, je lève les yeux : devant moi, avec les bras levés haut, se tient l'assassin... Je ne puis distinguer ce qu'il tient dans les mains... Puis, je me balance avec des gémissements, assis sur une malle... La tête me tourne, je souffre, j'ai mal au cœur... ma pensée s'engourdit... Tout est devenu sombre d'un coup, tout s'éteint... Je roule dans un abîme sans fond... Une seule pensée passe dans mon cerveau engourdi : *La mort... Ni chagrin, ni crainte...* « Il n'y a pas d'autre Dieu que Dieu et Mahomet est son prophète! » Tout est éteint... Une sueur froide couvre mon front. Et de nouveau, avec désespoir, je transporte mon bras malade d'une place à l'autre... L'os me cause une douleur sourde; le muscle, qui a été coupé, se contracte en faisant recroqueviller les doigts... La plaie profonde recousue brûle et élance. Je n'en peux plus! Une terrible, une inexprimable angoisse s'empare de mon âme et sur mes joues coulent d'impuissantes larmes enfantines...

Par la fenêtre au-dessus de la porte je regarde le pâle clair de lune au-dessus du bâtiment d'en face où se trouve la salle d'autopsie, avec sa table de fer et les boîtes de désinfectants... Peut-être y serai-je bientôt, sur cette table affreuse!... La mort elle-même ne m'effraie pas... J'ai peur seulement des souffrances, de longues et absurdes souffrances... et encore de quelque chose de sombre, d'indéfini, de ténébreux, qui semble m'entourer, invisible, mais perceptible pour moi seul...

Les étoiles éclatantes regardent impassibles avec leurs yeux limpides, comme si elles jetaient des regards du haut des cieux inaccessibles dans ma prison... Mystère, le grand mystère du monde, à jamais impénétrable ! Je penche la tête, découragé : je suis seul, pauvre, malade... Je n'ai pas d'où attendre de grâce, de secours. La méchanceté des hommes est incommensurable... L'unique être qui m'aime, qui m'est cher, est arraché, écarté de moi par la force brutale des pharisiens... et la touchante attention fraternelle d'une âme pure a été repoussée de mon lit de souffrance. Je suis seul !

Maman est morte et son *Esprit blanc* a quitté pour jamais le monde terrestre dépravé et qui lui était étranger. Le vieillard penseur a aussi disparu dans les ténèbres de la tombe ; le frère ami est trop loin... Je suis seul ! *pour toujours...*

Et s'il est écrit, si mon destin est de mourir ici, dans le désert chenu, pas une main fraternelle ne s'étendra sur mes yeux morts... Au dernier instant terrestre, pas une bouche fraternelle ne s'ouvrira pour la consolation et la caresse...

Et, impuissant, je pleure, je pleure sur ma vie brisée, trop tôt perdue...

Lentement, comme d'une lenteur préméditée, le jour commence à poindre...

Enfin, au-dessus des coupoles grises, l'horizon occidental devient gris aussi... Des nuages maussades, d'un bleu noir, sont suspendus au-dessus de la terre et dans ma chambre pénètre l'inaccueillant et morne matin...

Étrange impression ici où le soleil est toujours si ardemment clair, si inlassablement royal !...

Mon âme est encore plus sombre, plus éteinte...

Au loin s'interpellent les innombrables coqs de la ville... D'après le son, mon oreille habituée reconnaît dans quel quartier ils chantent, et dans mon imagination fatiguée se lèvent les tableaux de ma vie passée ici...

Mais voici que brusquement là, à côté, sous le portique bas de la caserne des tirailleurs, retentit un son de clairon rauque d'abord, puis strident et fort... Aussitôt on entend le grincement des lourdes portes de la forteresse qu'on ouvre pour la journée. Puis dans le bâtiment même de l'hôpital se font entendre des sons qui me sont déjà familiers : l'infirmier en chaussons arabes éculés, les deux caporaux en lourds souliers ferrés, le sergent, tous ces gens commencent à aller et venir. Dans les casernes montent des cris, des interpellations, des chansons et des rires... Au loin, vers l'orient, on entend le hennissement des chevaux de spahis que l'on mène boire... il semble qu'une pierre tombe de mon âme.

De nouveau le jour, de nouveau du monde et du bruit ! L'infirmier boiteux, taciturne et doux, va arriver tout à l'heure avec une cafetière et un verre... Et puis sur le trottoir cimenté résonneront des pas légers... Dans la porte apparaîtra une tunique rouge vif, et la merveilleuse et douce lumière des yeux bruns, sa molle et comme rayonnante lumière éclairera toute la pièce maussade... On entendra une voix de poitrine, basse, un peu frissonnante, à l'accent chantant du Nord...

Et de nouveau mon âme se sentira plus sereine, et de nouveau mon cœur aura plus chaud...

En souvenir des nuits des 28, 29 et 31 janvier 1901. Noté à l'hôpital, le 3 février 1901.

« Et, à ce seul nom de Sénégal, il revit l'infini des sables, les languissants soirs rouges où s'abaisse sur le désert un soleil énorme… Tout cela l'attirait étrangement, surtout la rive saharienne, l'impénétrable rive des Maures. »

(Pierre Loti, *Matelot*)

El Oued, le 20 février 1907, 7 heures matin.

Hier, première sortie à cheval, sur la route d'Amiche…

Ces derniers jours, les murs gris du quartier me pesaient, semblaient se resserrer sur moi et m'oppresser étrangement. Je m'y sentais prisonnier… Mais après cette course d'hier, je n'aspire plus qu'à y rester confiné jusqu'au jour où je quitterai, sans doute pour jamais, l'*oued* Souf.

J'ai éprouvé, de cette promenade rapide, l'une des plus amères tristesses de ma vie !

Les dunes sont toujours là, et la ville grise, et les jardins profonds…

Mais le grand charme de ce pays, cette magie des horizons et de la lumière, s'en est allé… et le Souf est vide, irrémédiablement vide.

Les dunes sont désolées, non plus de cette désolation prestigieuse, pleine de mystère, que je leur trouvais jadis… Non, elles sont mortes… Les jardins sont chétifs et sans charme… L'horizon est vide et la lumière est terne et grise…

Et moi, je me sens plus étranger ici que n'importe où ailleurs, plus solitaire, et j'aspire à m'en aller, à fuir ce pays qui, maintenant, n'est plus que le fantôme de ce que j'ai tant aimé.

Et je constate maintenant, à ne plus pouvoir m'y tromper désormais, que tout le charme que nous attribuons à certaines régions de la terre n'est que leurre et illusion ; tant que les aspects de la nature environnante *répondent* à notre état d'âme, nous croyons y découvrir une splendeur, une beauté particulière... Mais, du jour où notre âme éphémère change, tout s'écroule et s'évanouit...

Et je me sens triste, triste infiniment. J'eusse voulu quitter le Souf dans l'état d'âme où je me trouvais avant Behima, le laisser derrière moi avec l'illusion qu'il conservait son grand charme mélancolique et que, jalousement, il me le garderait pour le jour du problématique, et surtout lointain retour...

Quand je suis arrivé ici, il y a sept mois, *il n'y était pas,* ce charme-là... Dès lors, comment ai-je cru à l'existence réelle de ce quelque chose de très mystérieux que je croyais sentir en ce pays et qui n'était autre que le reflet du mystère triste de mon âme sur les choses !

Et je suis condamné à porter ainsi avec moi, à jamais informulée, toute ma grande tristesse, tout ce monde de pensées à travers les pays et les cités de la terre, sans jamais trouver l'Icarie de mes rêves !

Ce qui me pèse surtout, c'est de ne pouvoir exprimer tout l'écrasant fardeau d'idées et de sensations qui habitent le silence solitaire de mon âme et qui me causent souvent une angoisse très douloureuse.

Est-il possible que mon âme continuera ainsi à s'assombrir à travers les mois et les années, et à quelles ténèbres mortelles doit-elle alors parvenir !

Est-il possible que ce qui fait encore le bonheur singulier de ma vie, et qui certainement émane de moi-même et non du monde extérieur, se dissipera aussi et que je resterai définitivement *seul* au monde, et sans consolation possible !

Je crois, en ce moment, que si je pouvais avoir la certitude *absolue, raisonnable* et *irréfutable* que j'aboutirai à bref délai à ce dénouement lugubre : que *l'ennui noir*, insondable, qui parfois me prend et me torture au-delà de toute mesure deviendrait mon état normal et *constant*, je trouverais immédiatement la force d'éviter cette éventualité par une mort très calme et très froidement envisagée... Car ce n'est uniquement que ce monde fermé et personnel qui habite mon âme qui me retient du suicide... et l'espérance de le voir durer autant que moi et, peut-être, se développer et s'élargir encore. La vie en *elle-même*, bien sincèrement, ne m'est rien, et la mort exerce sur mon imagination une attraction étrange...

J'ai voulu essayer de noter tout cela qui m'a tant fait souffrir hier, qui me semblait si clair, si indiscutable... Mais, comme toujours, je n'y ai pas réussi, et cette tentation n'a eu d'autre résultat que de mettre le trouble et l'incertitude dans mon esprit...

De moi-même et du monde extérieur, je ne *sais rien, rien*... Voilà peut-être la seule vérité.

Le lendemain 21-II-1901, midi.

Hier, je suis allé, avec le toubib, à Guémar, chez le bon *cheikh* Sid-el-Hussine.

Eh bien non ! L'*oued* Souf n'est point vide et le grand soleil du Sahara ne s'est point éteint...

C'était mon cœur, l'autre jour, qui était vide et sombre. C'était mon âme qui était devenue insensible aux splendeurs ambiantes.

Hier, course imprévue, assez rapide, par un beau soleil pâle. Le vent a jeté un suaire de poussière grise sur les palmiers et bouleversé une fois de plus les dunes, entre Kouïnine et Tarzout. Les petites villes tristes, Gara, Teksebet, Kouïnine, semblent plus désertes et plus désolées par les grands vents d'hiver.

Le Souf est blafard, sous un ciel pâle, et les dunes sont livides... De temps en temps, du côté des Messaaba, le soir, me viennent les sons enchantés, les modulations infiniment tristes d'une petite flûte bédouine...

Ces sons lointains, que, dans peu de jours, je n'entendrai plus, me remplissent d'une insondable mélancolie.

Ce matin, tandis que le toubib chantonnait, j'ai éprouvé une sensation de recul vers ma vie tunisienne – bien morte cependant, et bien profondément ensevelie sous tant de cendres grises, comme le sera bientôt ma vie saharienne...

Je me suis souvenu de ce soir de septembre, il y a deux ans, où, accoudé avec Aly à la petite fenêtre du beuglant juif de La Goulette, à la veille du *lugubre départ,* quand je sentais tout s'effondrer autour de moi et en moi et où seule la mort me semblait une issue possible, j'écoutais, d'un côté, bruire doucement la mer calme, et de l'autre, la voix claire et pure de la petite Noucha de Sidi Béyène moduler la triste cantilène andalouse :

(ar.) Ma raison a fui, ma raison a fui!

La voix chaude, passionnée et sonore d'Aly reprenait, comme en rêve, le refrain mélancolique et moi, j'écoutais...

J'ai parfois de ces rappels soudains vers le passé récent, le plus oublié, ces derniers temps. Les souvenirs de Tunis surtout me hantent. Machinalement, des noms de rues, oubliés, indifférents, me reviennent…

Le *cheikh* blanc est revenu. Demain, je le verrai… À quoi bon ?

Aujourd'hui, je suis allé à la maison et j'ai éprouvé une sensation affreuse de vide.

En passant la porte, j'ai songé, avec un intime frisson : « Plus jamais, Rouh' ne le franchira, ce seuil… »

Plus jamais, sous la voûte blanche de notre petite chambre, nous ne dormirons dans les bras l'un de l'autre, enlacés étroitement, comme si nous eussions eu un obscur pressentiment que des forces ennemies cherchaient, dans l'ombre, à nous séparer… Jamais plus l'ivresse des sens ne nous unira sous ce toit que, tous deux, nous avons tant aimé.

Oui, tout est fini.

Dans quatre jours, je vais, moi aussi, partir, reprendre cette route du Nord que j'eusse tant désiré ne jamais plus suivre.

Ma tombe, par un dernier enfantillage mélancolique, je la voudrais là, dans le sable blanc que dore, matins et soirs, et qu'empourpre le grand soleil dévorateur…

Il faut partir… Là-bas, très loin, à l'horizon, il y a, comme but de ce voyage, l'être aimant, honnête et bon que j'ai choisi pour adoucir ma vie de solitaire et d'errant…

Il y a cette âme toute jeune et qui est à moi, que j'aime jalousement et que, de toutes mes forces, je vais tâcher de façonner non pas à l'image de la mienne, ce qui serait un sacrilège, mais telle que je la voudrais, telle surtout qu'elle aurait plu à l'*Esprit blanc!* Oh, *Elle* l'aurait aimé, certainement, de toute son âme pour qui la bonté naïve, la pureté du cœur étaient tout!

Il faut partir, et voilà que je regrette, non pas seulement le pays prestigieux où j'eusse voulu vivre et mourir, mais même cet « hospice », même ce quartier auquel je me suis accoutumé, même les figures familières des infirmiers et des tirailleurs...

Je regrette surtout les entretiens, souvent acerbes, jamais haineux ni hypocrites, avec le bon toubib, à peu près le seul être pensant et assez sincère qu'il y ait ici.

Je crois que cet homme-là a su deviner que sous toute l'étrangeté, sous toute l'incohérence de ma vie, il y a un fond d'honnêteté et de sensibilité vraie et que la lueur de l'intelligence brûle encore dans mon esprit.

Et je me prends pour lui de cette tendresse, faite de reconnaissance, en grande partie, que j'éprouve pour ceux qui ne me jettent pas, sottement ou effrontément, la pierre et qui démêlent, sous toutes les cendres accumulées, ce que je suis et, aussi, ce que je serais devenu, si je n'étais pas un abandonné et si je n'avais pas tant souffert.

Combien j'aime à relire ces *Journaliers*, ces livres pour d'autres hachés, incohérents, où il y a de tout... *de tout ce qui fait vivre mon âme!*

Il est des heures où, seule, cette lecture m'est reposante et salutaire.

Leur variété elle-même en est l'un des charmes pour moi...

Je voudrais voir s'y refléter fidèlement et, pour moi, intelligiblement, toutes les choses qui m'ont charmée...

Marseille, le 8 juillet 1901, 9 heures.

*Départ d'El Oued le 25 février (lundi) 1901,
à 1 h 1/2 du soir.*

25. – Été avec le docteur, jusqu'à Tarzout. De là, chez Sid-el-Hussine. Passé la nuit. Le 26, 8 heures matin, départ avec Lakhdar ; *deira*. Rejoint la caravane dans les dunes.
26. – Arrivés à Bir-bou-Chama vers le *maghreb*.
Ciel noir, obscurité grise, vent violent et glacé du nord.
Caravane : *Bach-hamar* Sasi. *Deira* Naser et Lakhdar. 1 tirailleur Rezki, Embarek C. Salem et El Hadj Mohammed, de Guémar. 2 fous accompagnés d'un jeune homme (Algérois). Hennia, mère du spahi Zouaouë et son fils Abdallah.

Bir-bou-Chama, impression sombre et triste.

27. – Partis le 27, vers 7 heures matin. Arrivés vers 5 heures soir, à Sif-el-Ménédi. Route : arbres, plaines de mica et de talc, maquis ; quelques *chott* aux environs du *bordj*.
Sif-el-Ménédi : *bordj* sur une côte très basse, horizon de maquis. Jardin très cultivé, mares salées près du jardin. Impression très bonne, celle des oasis salées de l'*oued* Rir'h. Le soir, le *méhari* de Lakhdar parti, le *deira* a été à sa recherche. J'étais exténuée, mal de tête (marché 1/3 de la route). Assis sur mon lit, pensé au plaisir de vivre quelque temps dans ce *bordj* avec, pour horizon, l'immense cité du maquis. Dans le jardin, des enfants chantaient. Impression persistante de l'*oued* Rir'h.

28. — Jeudi, partis vers 7 heures matin. Avec Lakhdar, par le *chott* Bou-Djeloud. La caravane fait détour. Terrains salés, pierreux, d'un jaune gris, glaiseux. Maigre végétation rampante. Puis, quelques coteaux glaiseux et des mamelons en forme de pitons, glaise bleue et rouge. *Chott* coupés de coteaux pierreux. Premiers *chott* bruns, puis salpêtre à fleur de terre. Vers la gauche (ouest) et vers la droite, *chott* profonds, inondés. Eau limpide et azurée. Vers l'ouest, vers le grand *chott* Melriri, lacs immenses, glauques, avec des archipels stratifiés en forme de petites murailles perpendiculaires émergeant de l'eau et s'y reflétant. Entre deux îles s'ouvre l'infini du *chott* Melriri, sans horizon appréciable, comme donnant sur l'infini d'azur pâle, légèrement brumeux du ciel.

Dans les terrains pierreux, des alouettes s'élèvent, jettent en battant des ailes leur appel tendre et mélancolique, puis s'abattent dans les buissons.

Traversée du grand *chott* détrempé très pénible. Souf glisse à chaque pas. Traversé à pied.

À l'entrée du *chott,* deux pyramides de pierres sèches indiquent un endroit où deux tribus se sont battues il y a une trentaine d'années. Terrains de pierres à fleur de terre, jaunes, coupées des taches prunes, blanches ou bleues des *chott*. À certains endroits, le sol a absolument la teinte de pain d'épice glacé.

Le *bordj* de Stah-el-Hamraïa sur une côte pierreuse, avec, à l'ouest, très bas, les *chott*. Jardin au-dessus du *chott,* grande fontaine au nord.

Discussion avec le *bach-hamar*. Obtenu de coucher à Stah-el-Hamraïa. Un peu de fièvre. Temps très beau le matin, un peu de vent et de nuages vers midi.

Noté à Stah-el-Hamraïa, le 28-11-1901, jeudi soir.

Et combien, maintenant, sur la terre d'exil, ce nom sonore et lointain de Stah-el-Hamraïa, qui désigne un endroit que j'aime, me fait rêver, profondément, mélancoliquement.

Marseille 8-7-1901.

Vendredi, le 1-3-1901, Chagga, 9 h soir.

Passé la nuit à Stah-el-Hamraïa. Passé la soirée dans la salle du *bordj* à écouter chanter Lakhdar et les chameliers.
Couché avec Khelifa et le tirailleur Rezki. Parti au lever du soleil, rouge, dans un ciel ensanglanté se levant lentement au-dessus des *chott* immenses coupés de terrains rougeâtres.
Jardin d'El Hamraïa : terrain boueux, salé, rempli d'herbes de marécages. Quelques palmiers, tamarins et figuiers, disséminés dans le marais, au nord-ouest du *bordj*.
Parti à cheval. Terrains tantôt salés, tantôt pierreux. Genêts en fleurs blanches, arbres sahariens, petits buissons à fleurs bleues. Quelques *chott,* terre et sable jaune salé. Descendu de cheval près de la première *guemira*. Déjeuné au-delà de la seconde, derrière le dernier *chott*… nu ; genêts.
Un peu avant cette *guemira,* à gauche, se trouve dans le maquis, un bon puits frais. Acheté des lièvres à des

chasseurs. Repartis à pied. Rencontré plusieurs caravanes. Aperçu la tente d'un capitaine du génie au bas d'une côte, à gauche.

Le *chott* Melriri apparaît encore, mer sans horizon, laiteuse, semée d'îlots blancs. Terrains pierreux. Arrivés, avec Rezki, au *bordj* de El-Mguébra. Puisé de l'eau, bu un café, repartis (à cheval) de El-Mguébra. *Bordj* sur la hauteur. La *guemira,* au sud-est du *bordj,* surmontant une construction en ruine. En bas, trois puits, dont l'un très salé. Jardin près du puits où nous avons bu, au moyen de la ceinture de Rezki.

Repartis. Dépassé la caravane un peu avant le coucher du soleil. Rencontré Elhadj Mohammed, l'un des fous et leur guide. À la tombée de la nuit, redescendu de cheval, fait monter Elhadj. Aperçu, vers notre droite, l'un des fous de Chegga.

Arrivés de nuit Discussion avec les gardiens.

Le 1ᵉʳ mars, Chegga. – Les jardins s'échelonnent dans le terrain salé à blanc.

Nous sommes couchés dans la petite chambre de gauche, Khelifa, Rezki et moi : à côté il y a Hennia et son fils, dans la grande chambre. Dans l'autre, il y a les fous, le guide et les exilés. Les *deira* dorment dehors, avec les chameliers, près de la fontaine.

À côté, dans le jardin inondé d'eau salée, les crapauds chantent, mélancoliquement, dans le grand silence du désert.

Ce soir, en route, les oiseaux chantaient langoureusement. Chaleur torride toute la journée.

Pensé avec amour à ce Sahara qui m'a ensorcelé pour la vie, et à la joie d'y revenir. Impression d'audace en face du destin et d'irréductible énergie, toute la journée... surtout ce soir.

Cependant, une autre pensée vient me hanter et le sommeil fuit ma tête fatiguée : là-bas, à Batna, des ivresses m'attendent, et à cette seule idée, je sens une angoisse voluptueuse serrer mon cœur.

Après-demain ou dans deux jours, je pourrai donner libre cours à cette folie sensuelle qui me torture ce soir, et revivre les belles nuits folles d'El Oued..., tenir mon maître dans mes deux bras, sur mon cœur que trop d'amour inassouvi oppresse...

Ce soir, j'ai conscience que je suis encore jeune, que la vie n'est point noire et décolorée et que l'espérance ne m'abandonne point...

Tant qu'il y aura l'immensité superbe du Sahara, j'aurai un refuge où mon âme, trop tourmentée, pourra se reposer des mesquineries de la vie moderne.

Emporter Rouh' au loin, dans le désert, loin des hommes, pour poursuivre d'audacieuses aventures et d'indicibles rêves, coupés d'heures folles...

Batna, le 20 mars, 11 heures soir.

Le 1er mars, couché à Chegga.
Le 2, parti à l'aube, sorti dans le jardin.
Le soleil se levait rouge, au-dessus de l'immensité. L'Aurès, vers le nord, s'irisait de teintes vermeilles et roses. Jardin : *seguia* et grand bassin à l'entrée.
Parti à cheval jusqu'à Djefir. Devancé la caravane, arrivé au trot. Pas trouvé le gardien, puisé au grand puits.

Rencontré un convoi se rendant à Touggourt. Envoyé le bonjour à Si Saïd. Repartis. Moi à pied, Rezki sur le cheval. Déjeuner en vue de Saada. Repartis à pied. Rencontré Rouh' un quart d'heure avant Saada. Reparti à cheval. Halte au-delà de l'*oued*.

Arrivée à Biskra, le 2 mars. En entrant au vieux Biskra au *maghreb,* arrêté nos chevaux, tournant bride vers le Sahara violacé dans l'embrasement du couchant. Passé la nuit chez Zitouni.

Passé à Biskra la journée du 3 et la nuit. Parti pour Batna, le 4 à 1 heure soir. Arrivé vers 5 heures. Passé la nuit chez Goussou. Le 5, changé de logement.

Le 17 mars, 5 heures soir, parti pour Constantine, coucher. Arrivé 9 heures. Couché restaurant du Grand-Hôtel. Matin, 8 heures, été au conseil de guerre. Reparti le 18 à 3 h 35. Arrivé à Batna le 18 à 8 h 1/2 soir.

Peu importerait la misère, réelle maintenant, et la vie cloîtrée parmi des femmes arabes... Bénie serait même la dépendance absolue où je me trouve désormais vis-à-vis de Rouh'... Mais ce qui me torture et me rend la vie à peine supportable, c'est la séparation d'avec lui et l'amère tristesse de ne pouvoir le voir que rarement, quelques instants furtifs. Que m'importe le reste, à moi qui revis, quand, comme hier, je le tiens dans mes bras et que je regarde ses yeux « face à face », comme disait Aziyadé ?

Le voilà donc né, inconsciemment, involontairement, le grand amour de ma vie, que je ne croyais jamais devoir venir !

Quels tourments et quelles joies, quelles désolations et quelles ivresses !...

Batna, le 26 mars. Mardi 1 heure soir.

Été aujourd'hui, sur Souf, au pied de la montagne, lâché le cheval dans le pré, et, couché sous un pin, rêvé en regardant la grande vallée, les montagnes bleues d'en face et Batna, affolée dans son bas-fond, la ville d'exil et de misère. Sensation d'ivresse voluptueuse, au grand air, au grand soleil, loin des murs gris de ma prison monotone. Tout reverdit, les arbres sont en fleurs, le ciel d'un bleu d'abîme et d'innombrables oiseaux chantent partout…

Là-haut, sur cette montagne qui me rappelait intensément le Jura ou le Salève, les genévriers et les thuyas embaument l'air.

Le vent frais et vivifiant bruissait doucement dans les pins, aux échos sonores de la montagne.

Où est le jour lointain d'automne où, les yeux clos, le cœur en paix (ô aveuglement profond de la nature humaine!) j'écoutais le grand vent éternel du Souf bruire dans les *djerid* coriaces des palmiers du *chott* de Debila! Où est notre Oued-Souf, ses dunes blanches et ses jardins, et la maison paisible de Salah ben Teliba, confinant aux dunes de Sidi-Mestour et à la nécropole silencieuse où vont dormir les Ouled-Ahmed! Où est la terre des *zaouia* saintes et des tombeaux maraboutiques, la terre âpre et resplendissante où brûle la flamme de la foi, et où nous fûmes heureux? Où est tout cela, et le reverrai-je jamais?

Ici, dénuement complet… Pas de nourriture, pas d'argent, pas de chauffage… Rien!

Et, cependant, tout cela ne m'inquiète guère.

Aujourd'hui mon âme est plongée en une tristesse sans bornes, mais résignée, calme et douce.

Les jours adviennent et s'enfuient, tombant au néant noir du passé, et chaque aube nouvelle nous rapproche du jour de délivrance, de ce 20 février 1902 qui, en somme, sera pour tous deux le *commencement* de la vraie vie.

(ar.) Et si Allah manifeste un désir et dise : que cela soit, cela sera !

Tout est entre les mains de Dieu, et rien ne se fait *que selon son vouloir.*

Batna, le vendredi 12 avril 1901, 5 heures soir.

Ces jours-ci, tous les matins, je m'en vais sur mon Souf fidèle, passer quelques heures tranquilles le long des routes.

Après quelques galopades folles sur le champ de manœuvre et une leçon donnée à Souf, je prends la route de Lambèse et m'en vais au-delà du quatrième kilomètre.

Là, je mets pied à terre et, assis au bord de la route, au coin d'un champ de colza, vaste tapis d'or clair au pied des Ouled Abdi obscurs, je fume en rêvant, tenant la bride de Souf qui mange avidement l'herbe verte, la choisissant soigneusement d'entre les fleurs.

Les fermes tristes s'échelonnent le long du ruban blanc de la route, avec les champs d'un vert intense.

Au loin, vers le nord, des champs de « fleurs à soufre » jettent sur les coteaux des tapis d'un lilas pâle et argenté. La silhouette de la triste ville de casernes et de bâtiments officiels est loin derrière moi. Je lui tourne le dos et regarde la campagne fleurie où chantent les alouettes et où butinent les hirondelles rapides.

Et, à cet endroit qui m'est déjà devenu familier, des instants de bonheur réel et de paix profonde.

L'un de ces soirs, couché près de Slimène sur la natte de Khelifa, je regardais par la fenêtre le ciel bleu où voguaient quelques nuages que dorait le soleil couchant, la crête des arbres subitement verdis, et la cime d'un peuplier : eu, subitement, un rappel vers le passé, intense jusqu'aux larmes... En général, ces jours-ci, en ce pays semblable, les souvenirs de *la Villa Neuve* viennent me hanter.

Le sirocco souffle depuis deux jours. Le ciel est embrumé et l'on se sent accablé. Aujourd'hui, longue promenade au pas sur la route de Biskra triste et sans charme. Puis, courses ennuyeuses pour la famille de Lamri.

Rentré vers 1 h 1/2, accablé, resté à lire mes anciens *Journaliers* couché sur la natte jusqu'à 4 h 1/2. Tristesse, nostalgie du Souf, ennui et malaise...

Batna, le 26 avril, 11 heures soir.

Je suis triste vaguement ce soir, depuis quelques jours, d'une manière indéfinissable. La solitude sans Ouïha me pèse terriblement et l'ennui me ronge. Après l'orage d'hier, Batna est inondée, obscure, glacée, pleine de boue et d'infects ruisseaux. Mon pauvre Souf est bien malade et je suis même privé de mes mélancoliques promenades le long des routes, ou au cimetière désolé perché là-haut, au pied de la colline grise et où les tombes défoncées, effrayantes comme des portes entr'ouvertes sur l'effroyable néant de la poussière humaine, sont disséminées en un sauvage désordre parmi les touffes odorantes du *chih* gris et du *timgrit* rouge, près du champ vert où fleurissent les lins violets, les anémones blanches et les pavots écarlates...

L'autre jour, avec les flûtes et les tambours, avec les drapeaux des vieilles solennités islamiques, j'ai erré parmi les musulmans demandant la pluie, cette pluie qui fera un peu durer cet éphémère et hâtif printemps algérien qui mêle, en sa hâte de renouveau, les fleurs de l'été avec celles du printemps et qui semblait déjà prêt de finir par les lourdes journées de sirocco.

Hier, après six longs jours où je ne l'ai vu que de nuit, furtivement, pendant de courts instants près de la porte de ce quartier maudit où il est exilé, Rouh' est venu... Je l'ai tenu dans mes bras et, subitement, après l'ardeur folle, presque sauvage des premières étreintes, sans que nous sachions pourquoi, sans que nous eussions parlé, les larmes ont coulé de nos yeux, et nos cœurs se sont serrés, angoissés très mystérieusement.

Puis, la nuit, après la course imbécile sous la pluie torrentielle, subie pour le plaisir de me moquer de l'hypocrite qu'est Tarhat – hypocrite qui a tout de même eu le bon goût de ne pas dissimuler –, après une courte lecture, je me suis endormi et Vava m'est apparu, prodiguant de la tendresse à Rouh' et me donnant son appréciation de lui, sur son ton de jadis... Vaguement, comme si cela datait de très longtemps, je me souviens de ce rêve, et l'impression en est profonde et douce, comme une confirmation très mystérieuse de la consolante dépêche d'Augustin...

Hier, une fois de plus, j'ai constaté la candeur, la bonté et la beauté de cette jolie âme de Slimène qui est à moi, par la joie enfantine de ce que Augustin me revenait, et nous rendait justice à tous deux. Malgré tout ce que j'ai eu, tout ce que j'ai et tout ce que j'aurai encore à souffrir, je bénis Dieu et la destinée de m'avoir conduit dans l'inoubliable cité des sables pour me donner à cet être qui est ma *seule consolation,* ma seule joie en ce monde où je suis le plus déshérité des déshérités et où, cependant, je me sens le plus riche de tous, car j'ai un trésor inestimable.

Et, parfois, souvent même, par habitude de trop souffrir, je me demande avec une angoisse profonde si ce bonheur ne me sera point enlevé par la destinée jalouse, par la mort.

Seulement, après lui, avec l'expérience passée, inutile d'attendre et d'espérer. Plus même : si même je savais que lui disparu j'en retrouverais un autre qui m'aimerait autant, je n'en voudrais pas, pour cette seule raison que ce serait un autre et que c'est lui que j'aime d'un amour absolu, aussi profondément doux et attendri qu'il est ardent.

J'ai été souvent dur et injuste pour lui, je l'ai brusqué sans raison, j'ai été insensé au point de le frapper, honteux en moi-même parce qu'il ne se défendait pas et souriait de ma fureur aveugle... Après, la moindre ombre de faute commise envers lui me cause de la douleur vraie et un dégoût sincère de moi-même.

Le soir, été chez le policier que bien certainement l'ennemi a chargé de m'espionner. Peu importe ce que je lui ai dit l'autre soir, je le répéterai au grand jour, et c'est vrai, puisque *c'est lui le premier* qui a émis cette supposition que c'était P... qui avait voulu ma mort et que l'assassin ne serait pas puni. S'il en est ainsi, ce sera ma condamnation à mort partout où j'irai dans le Sud, seul pays où nous puissions vivre...

Le crime de Behima impuni ou légèrement puni, ce sera un aveu cynique et aussi un indice bien clair pour les Tidjanya :

— Tuez Si Mahmoud, vous n'avez rien à craindre.

Cependant, une fois déjà, Dieu a arrêté la main de l'assassin et le sabre d'Abdallah a dévié... Que Sa volonté soit faite ! Si Dieu veut que je meure martyre comme je l'ai demandé dans la nuit d'Elhadj, où que je sois, la volonté de Dieu m'atteindra. Sinon, toutes les machinations de ceux qui ont entassé crime sur crime au-dessus de leurs têtes ne serviront à rien qu'à les confondre.

La mort ne m'effraie pas, je ne voudrais seulement pas mourir obscurément et surtout inutilement. Je sais maintenant, pour l'avoir vue de tout près, pour avoir senti son aile noire et glacée m'effleurer, que son approche amène instantanément un détachement absolu, un renoncement définitif aux choses de ce monde. Je sais aussi que mes nerfs et ma volonté tiennent bon dans les grandes épreuves *personnelles* et que je ne ferai jamais la joie de mes ennemis par de la lâcheté ou de la peur.

Il est cependant, au point de vue de l'avenir, une chose qui m'effraie : je ne suis pas absolument cuirassé contre les malheurs qui peuvent arriver à Slimène ou à Augustin. Contre ceux-là, je suis d'une faiblesse affreuse. Là toute ma prodigieuse insouciance m'abandonne et je deviens plus faible qu'un enfant. Il est difficile d'imaginer une misère plus profonde que celle où je me débats : eh bien, elle ne m'inquiète que parce que nos dettes peuvent causer un désastre pour Slimène.

Autrement, malgré l'ennui que causent les inévitables calculs de chaque sou à ma nature d'aristocrate – à ce point de vue-là – je ne me fiche pas mal de la situation où je suis moi personnellement et que bien peu supporteraient. Heureusement, l'ennemi me croit riche, comme j'ai pu le constater par les paroles du policier.

J'ai eu raison, il y a deux ans, de jeter l'argent par la fenêtre, ici et à Biskra : la réputation de ma richesse nous est aussi utile au point de vue de notre défense que le serait la réalité de cette richesse. Ah! si ces coquins savaient que je suis dans la misère noire et qu'ils pourraient, par les plus petites vexations, me perdre, ils ne manqueraient pas de le faire!

Et quels crimes ils doivent tout de même avoir sur la conscience, quelle frayeur de la lumière, pour trembler ainsi devant moi qui, par nonchalance d'abord, et ensuite par crainte de nuire à Slimène, n'ai en somme pas fait grand-chose, sauf les enquêtes à El Oued!

Il est évident qu'ils ont peur. Sans cela, pourquoi ne m'arrête-t-on pas par exemple pour espionnage ou pourquoi ne m'expulse-t-on pas ?

Tout cela parce que, comme le disait P... : « Cette détraquée pourrait nous causer beaucoup d'ennuis... »

J'ai eu raison d'attribuer à de l'insouciance et à de l'originalité le misérable genre de vie que je mène ici : comme cela, ma misère ne transparaît pas trop.

Le fait est que j'en suis arrivé à aller sciemment chez les gens *pour manger,* dans le but d'entretenir ma santé, chose qui m'eût semblé aussi *impossible* jadis que cette autre que j'ai faite aussi, cependant : aller trouver les personnages renfermés et mystérieux que sont les marabouts, et leur demander de l'argent...

Cette santé est probablement de fer, puisqu'elle tient bon,

contre toute vraisemblance : les angoisses des derniers jours d'El Oued, la blessure, la commotion nerveuse et l'énorme hémorragie de Behima, l'hôpital, le voyage à moitié effectué à pied, la misère, ici, le froid et la mauvaise nourriture dont le plus clair est le pain, tout cela n'a pas réussi à me jeter à bas. Combien de temps cela durera-t-il ainsi ?

Je crois bien que la force de mon âme vivace et l'insouciance de mon caractère y sont pour beaucoup, et qu'il suffirait de se mettre à ruminer sur ma situation pour tomber malade.

Comment diable expliquer qu'à la maison, avec des vêtements excellents, du feu et une nourriture saine entre toutes, avec les soins idolâtres de Maman, le moindre coup de froid se transformait chez moi en bronchite et que, maintenant, j'ai souffert du froid glacial à El Oued, l'hôpital y compris, que j'ai été exposé aux intempéries en route, qu'ici je gèle, j'ai continuellement les pieds mouillés, des vêtements d'été et des chaussures déchirées et que je ne suis pas même enrhumé ?

Le corps humain n'est rien et l'âme humaine est tout. D'ailleurs, une belle âme est la seule beauté réelle puisque, sans elle, pour un vrai esthète, la beauté physique elle-même n'existe pas... Pourquoi est-ce que j'adore les yeux de Rouh'? Ce n'est ni pour leur forme, ni pour leur couleur, c'est pour le rayonnement doux et honnête de leur regard qui les rend si étonnamment beaux.

Pour moi, la suprême beauté de l'âme se traduirait en pratique par le fanatisme menant *harmonieusement,* c'est-à-dire par une voie d'absolue sincérité, au martyre.

Sidi Mohammed Taïeb est bien réellement mort, et j'éprouve une profonde tristesse à penser à cet homme que je revois encore, avec sa belle tête d'aigle, dans la lueur bleue de la pleine lune, sur la terrasse de la maison délabrée de Taleb Saïd, en face des petites dunes grises qui sont au nord de Touggourt, le soir de mon départ, en septembre dernier. Et j'entends sa voix me dire :

« Nous nous reverrons encore *s'il plaît à Allah !* Si Mahmoud. »

Il ignorait, et tous ignoraient en ce moment ce que tramait dans l'ombre l'ennemi, contre ma vie et contre la sienne, et que cet au revoir devait être un adieu suprême et éternel!... Et que nous ne devions plus jamais nous rencontrer *(ar.) jusqu'au jour de la résurrection,* dans cet ailleurs où il y a sans doute la raison et la justice absentes de ce monde, où les justes et les martyrs sont foulés aux pieds par les foules qui courent baiser, dans leur propre sang et dans la poussière de leurs morts, la trace des pas des tyrans, des imposteurs et des bandits!

Et quel sera le déplorable résultat de cette mort pour l'avenir de la confrérie et pour nos *cheikh* ?

Le 3 mai 1901, vendredi 9 h 3/4 matin.

Hier soir, appris nouvelle expulsion.

(ar.) Ô Toura, vois-tu : Y aura-t-il une fin pour ma nuit. Vois-tu s'il y aura un soutien pour mon amour. Je passe ma nuit à souffrir les tourments de l'amour. Et l'ardeur de mes désirs a un excitant. Je cache mon amour : dans mon sein, un

signe décèle mon amour Je cache ma passion et mon désir d'Elle. Et je ne montre pas l'amour de mon cœur. Je patienterai jusqu'au jour où se réalisera mon vœu. La récompense qui couronne l'attente patiente est digne de louanges!

Le même jour, 3 h soir.

Encore une fois de plus, tout est brisé, anéanti, fauché. Encore une fois de plus, la destinée vient déjouer toutes les prévisions humaines et courber nos têtes sous son souffle cruel.

Mais les épreuves de ce monde, trop nombreuses déjà dans ma vie, ne font que tremper mon âme. J'aurai le courage de lutter contre la monstrueuse iniquité qui me frappe et j'espère triompher avec l'aide de Dieu et de notre maître El Djilani.

Cependant, comment m'éloigner, Dieu sait pour combien de temps, de Rouh' que relient à mon être moral de si étroites chaînes, qui a fini par devenir une partie de moi-même? Comment me priver de le voir, quand les journées sans lui me semblent interminables?

Il n'y avait plus qu'une seule et unique joie, une seule consolation en ma vie : le voir. Encore deux fois, nous dormirons dans les bras l'un de l'autre... Encore deux fois, je verrai apparaître sa silhouette aimée dans la porte de cette pauvre chambre qui nous est devenue chère comme tous les successifs logis de notre amour.

Et puis, plus rien... Les lugubres réminiscences de Bône et Marseille, où il y a bien la joie de revoir Augustin, mais quelle joie serait réelle, sans mon doux frère Zizou?

Son amour et sa bonté ont ensoleillé les plus sombres heures de cette dernière année... En son absence, tout sera noir et lugubre.

Dimanche 5 mai, 9 h matin.

Au milieu du terrible désarroi de ma vie de ces derniers jours, sombres plus qu'aucun autre que j'aie jamais vécu, je constate avec joie la pérennité du sens de la beauté, de l'amour de l'art et de la nature.

Je suis arrivé à cette dernière limite de la misère où sont la faim et le dénuement, les angoisses continuelles de la vie matérielle. Je suis comme une bête traquée impitoyablement, avec le but évident de la tuer, de l'anéantir. Je vais être séparé de ce que j'ai de plus cher au monde, de ce qui ensoleillait malgré tout ma triste existence, triste *essentiellement,* depuis toujours et à jamais. Depuis des années, je savais, avec *certitude,* que je parviendrais à ce degré de misère.

Mais, au sein de tout cela, après tous les déchirements et en face de tous les dangers, je sens que je ne faiblirai pas, que deux choses me restent intactes : ma religion et mon orgueil, que je suis fier de souffrir de ces point vulgaires souffrances d'avoir versé mon sang et d'être persécuté pour une foi.

La force de vivre n'est point anéantie en moi, prodigieuse et irréductible désormais, et la vie, amère, sombre, cruelle, n'est cependant pas *décolorée* et *répugnante.* Il y a, pour l'ensoleiller encore, de près ou de loin, l'amour profond de cette âme, essentiellement belle et ouverte à toutes les beautés réelles, de Rouh'. Et il y a aussi le sentiment, peut-être plus subtil et plus sincère, même, de l'art, de la Beauté, de la Nature.

Il me semblait, comme à presque tous, paradoxal jadis (quoique je le pressentais déjà) que la misère et la vulgarité ambiantes pussent ne point imposer silence à ce sens sacré du beau, à l'amour du bien. Eh bien non... Chez moi, elles le magnifient plutôt.

Il est une beauté en toute chose et savoir la discerner est le don du seul poète : ce don n'est point mort en moi et je m'en glorifie, car les seuls trésors *impérissables* sont ceux de la Pensée. La pierre d'un monument, muette pour le vulgaire, garde jalousement, tant qu'elle dure, la Pensée même qui en conçut la forme.

En attendant l'aumône qui, *peut-être,* viendra priver mes ennemis d'un dernier triomphe, abstraction faite de tout respect humain, j'ai pu lire et goûter aujourd'hui la beauté d'un livre délicat de D'Annunzio...

Les jours où, plus pauvre, j'étais privé de ces joies subtiles, je jouissais des reflets pourprés et dorés des soleils couchants sur les crêtes onduleuses des dunes blanches de la Patrie d'élection... Je sentais l'harmonie des courbes onduleuses et des couleurs richement printanières des collines semées de fleurs et de plantes odorantes de la triste Batna, cité d'exil et de tourments.

Pauvre, pauvre comme le fut jadis le grand Eyouh, incarnation de la souffrance humaine, je me sentais — et je l'étais — le maître souverain des étendues prestigieuses du désert aimé et des montagnes sauvages de l'Aurès.

Assis, tel un vagabond, sur le bord d'une route, auprès du fidèle et humble compagnon inconscient qui, lui aussi, va m'être pris pour jamais, je regardais avec des yeux de châtelain les champs d'or des colzas en fleurs, d'émeraude des blés et des orges, et d'opale des *chih* aux enivrantes senteurs. Cette richesse-là, seule, la tombe pourra me la prendre, et non les hommes... et même, qui sait, si le *Mektoub* m'accorde le temps d'en formuler quelques fragments, me survivra-t-elle dans la mémoire de quelques-uns.

Seules, ces formes supérieures de la vie valent d'être vécues, et le richard avare et imbécile, s'il savait, et la « femme du monde », riche, adulée, se croyant belle, envierait la misérable défroque, les logements pouilleux et la nourriture parcimonieuse de celle qui a trouvé la source d'amour (seul possible et réel, quand aucune des basses questions d'intérêt n'y sont mêlées) et qui sait faire sien, orgueilleusement, le vaste Univers et son âme mystérieuse, le posséder et en jouir plus entièrement que n'importe quel autocrate de jadis ne jouit de sa puissance illusoire.

Divine et unique joie de lire, dans le miroir d'un œil humain, *l'absolu* de l'amour terrestre et, dans les vastes horizons du monde, jusqu'aux étoiles les plus vertigineusement lointaines, le *titre de propriété* indiscutable !

« L'inutile regret de toute joie perdue, le rappel de tout bien fugitif, l'imploration suprême s'enfuyant à toute voile sur les mers, se cachant à tout soleil derrière les montagnes, et l'implacable désir, et la nécessité de la mort, toutes ces choses passaient dans le chant solitaire transmuées par la venue de l'art en sublimes essences que l'âme pouvait recevoir sans en souffrir »

(D'Annunzio, *Le Feu).*

Quitté Batna le 6 mai 1901, 4 heures matin. Arrivé à Bône le même jour, 3 heures soir. Passé maison Khoudja nuit du 6, journée et nuit 7, journée et nuit 8.

Noté à Bône le 8 mai 6 heures soir.

Non, décidément, la vie sans Slimène est *impossible.* Tout est décoloré, triste, et le temps se tire, interminablement. Pauvre Ouïha Kahla! Pauvre Zizou! Quand le reverrai-je?

Marseille. le 22 mai 1901, 9 heures soir.
Mercredi, départ.

Quitté Bône le 9 mai, jeudi, à 6 heures soir sur le *Berry,* de la Compagnie générale de transports maritimes, passage en 4ᵉ classe sous le nom de Pierre Mouchet, journalier. Arrivé à Marseille le samedi 12, 3 heures soir. Débarqué au môle. Monté en tramway jusqu'à la rue d'Oran.

Demain, quand je serai un peu reposé de toutes les fatigues de ces derniers deux jours, je noterai en détail les impressions de Bône, de la traversée et des premiers jours à Marseille... Ce soir, je veux seulement noter le côté *psychologique* de cette dernière période qui, ayant commencé dans les larmes et l'angoisse, s'est subitement transformée en période agréable, car *utile,* et amenant d'heureux hasards tels que, par exemple, cette extraordinaire rencontre avec le vieux camarade de Sousse Abd-el-Aziz-el-Agreby, rencontre qui pourra amener une grande amélioration à notre situation, à Ouïha et à moi ; peut-être obtiendra-t-il quelque chose d'Alger ; peut-être trouvera-t-il un permutant pour Slimène en Tunisie ? (ce qui serait un rêve!) et, dans tous les cas, il est fort probable qu'il commencera à me rembourser peu à peu une partie de ce qu'il me doit…

Il n'y a pas d'arrêté d'expulsion contre moi, et au moins ce danger-là, terrible en réalité, est écarté. Je pourrai donc retourner auprès de Slimène dès que j'en aurai les moyens. Ces moyens, le conseil de guerre me les fournira largement d'ici le 18 juin. Jusque-là et *dès demain,* il faut se mettre au travail russe et le terminer, ce dont j'ai le temps.

L'horizon s'est beaucoup éclairci de toutes parts. Après l'étrange rencontre d'hier avec Abd-el-Aziz, j'ai éprouvé pour lui une *sincère amitié.* Sensation étrangement douce, grande joie et émotion sincère.

Peut-être est-ce Dieu qui l'a mis à présent sur mon chemin pour m'aider à traverser cette dure époque de ma vie !

Je pense à Slimène, maintenant, et je pense à lui ; pour la *première fois* peut-être *raisonnablement.*

Oui, quand je serai de nouveau auprès de lui, il faudra, dès le premier instant, changer de manière d'être envers lui, sous peine de compromettre le bonheur de notre ménage, car le mariage ne doit pas être basé uniquement sur l'amour qui, quelque grand et puissant qu'il soit, n'est pas un fondement assez solide. Il faudra assumer la tâche, dure souvent, mais indispensable, du dévouement afin d'être, par ma conduite envers lui, qui doit être d'une constante bonté, une consolation pour lui de toutes les amertumes de la vie. Il faut prendre assez d'empire sur moi-même pour ne plus être violent et égoïste envers lui, afin de ne pas lasser un jour sa patience, car sans cela, aucun avenir commun ne sera possible... Il faut m'imposer à moi-même ce qui, étant donné ma nature, m'est le plus difficile : la soumission qui, certes, a des limites et ne doit point aller jusqu'à la platitude, mais qui adoucirait notre vie à tous deux... Il faut, en résumé, que je fasse un grand effort sur moi-même pour réformer mon caractère et le rendre plus supportable, ce qui ne me sera pas difficile avec le bon caractère de Slimène et sa douceur indulgente...

Marseille, le 12 mai 1901.

Quitté la maison de la rue Bugeaud à 3 heures du matin, le 6 mai. Grand calme des choses, clair de lune, silence profond dans les rues. Descendus jusqu'à la porte de la gare avec Slimène, Labbadi et Khelifa... Courte station sur un banc de l'avenue de la gare... Je me suis retournée une dernière fois pour revoir encore la chère silhouette rouge déjà presque indistincte dans l'ombre...

Nous nous sommes séparés sans un trop grand serrement de cœur, cependant, quoique tristes profondément : tous deux, nous avions le pressentiment d'un très proche revoir...

La campagne, de Batna à El Guerrah, pauvre et triste... Les *sebkha,* ou lacs, noyés de brume blanche. Depuis El Guerrah, richesse inouïe de couleurs et de nuances ; tapis de coquelicots jetés en taches saignantes sur le vert sombre des récoltes, anémones neigeuses, glaïeuls pourprés, bleuets, taches d'or des colzas… semblables, hélas, à *mon champ là-bas,* sur la route de Lambèse, au quatrième kilomètre où je venais, aux clairs matins d'avril, avec mon pauvre Souf fidèle… Où est Batna, la ville d'amour, d'exil et d'amertume que je regrette aujourd'hui parce que le pauvre ami au bon cœur aimant et doux y est resté ?... où est Souf, le cheval valeureux et fidèle, muet compagnon de mes inoubliables courses dans les dunes de notre pays ?... où est Khelifa, où sont toutes ces pauvres choses rapportées d'El Oued, pieusement, parce qu'elles étaient les épaves sacrées de notre logis adoré de là-bas ?... Où est tout cela que le vent de la destinée a dispersé, anéanti ?

Arrivé à Bône à 3 heures. Impression intense des jours de jadis, chez Khoudja, dans l'étroite cour bleuâtre où, tant de fois, je venais rêver, insouciante encore à l'heure enchantée des crépuscules d'été et où l'*Esprit blanc* venait, elle aussi, s'asseoir !... Impression de *rêve, d'irréalité,* laissée par cette ville dont je n'ai rien revu, sauf cette demeure arabe et l'incomparable silhouette, au départ.

Embarquement par un ciel pur et lumineux, le 9 mai à 5 heures du soir…

« Le 12 mai, interrompu ces notes par un brusque reflux de tout le désespoir affreux que me cause la séparation d'avec Slimène… Comment vivre sans lui, Dieu sait pendant combien de temps, exilé, sans logis, moi qui m'étais déjà habitué d'avoir mon *chez moi,* quelque pauvre qu'il fut ! »

Journées d'ennui et d'angoisse, à Bône, passées à me débattre contre l'angoisse de laisser Ouïha se perdre, la malveillante inertie de Khoudja et la persistante impression très sombre de *l'irréalité* de ce qui m'entourait.

Bône est bien restée, en son immuable silhouette vue depuis la mer, la cité unique, incomparable qui, durant deux années de nostalgie et de souffrance, hanta mon souvenir... Chose étrange, depuis que j'y suis revenu, en 1899, la magique attirance d'Annéba semble rompue et, si la tombe de l'*Esprit blanc* ne s'y trouvait point, peut-être n'aspirerais-je même plus à y retourner!...

Départ en hâte, fébrile. Traversé en courant, avec un portefaix quelconque, la vieille ville à peine entrevue... Regardé s'éloigner la silhouette jadis si familière d'Annéba désormais pour toujours étrangère... Sur le *Berry,* sous mon misérable costume de matelot, sous ce nom de Pierre Mouchet, assis à l'avant, j'éprouvais une tristesse d'émigrant, d'exilé, violemment arraché au sol natal... Et là, sous les yeux étonnés des passagers qui, cependant, n'ont point souri, je n'ai pu retenir des larmes bien amères que je n'ai point où aller cacher... Regardé, avec un serrement de cœur profond, le quai bariolé et tumultueux, et les remparts roux, et l'Idou et Saint-Augustin, et la verte colline sacrée aux sombres cyprès noirs... Songé, avec une douleur aiguë, que c'était la terre d'Afrique, la terre aimée passionnément où est Slimène, où est le Sahara resplendissant qui s'éloignait ainsi, très vite et que je commençais à perdre de vue, dans l'ombre naissante du soir.

Ce retour à Bône ressemble à un cauchemar, tant il fut furtif et court, agité et tourmenté surtout.

Assis sur mon baluchon, près du treuil, songé à toute la profonde misère où je suis tombé, au *dénuement* désormais absolu où je suis… Songé aussi *aux décors* de jadis, aux *prophétiques* costumes de matelot arborés par goût, aux jours de prospérité déjà lointains.

Fait mon lit à ce même endroit un peu chaud et, en un réel bien-être – le bien-être étrangement triste et voluptueux du *heimatlos* –, commencé à sommeiller sur cette pensée déjà complètement apaisée, par habitude de souffrir : *Eden-Purée…,* comme le dit l'inscription tracée par quelque main d'ironique *Joyeux* sur la porte du poste optique de Kef-ed-Dor…

Réveillé par un violent orage… transporté mes frusques sous la passerelle, près de la lampisterie… Renvoyé de là, erré sous la pluie torrentielle avec mon baluchon défait, sali, mouillé.

Enfin, grâce à un brave matelot, trouvé un refuge à l'avant avec deux Napolitains à moitié sauvages et un vieux revenant, je crois, du Japon et vêtu d'une *kachebia* arabe noire.

Été errer à la recherche d'un peu d'eau. Bu à la caisse ! Nuit assez bonne, passée par terre. Dormi toute la journée suivante (10 mai) jusqu'à 4 heures. Le gros temps commence ; le vieux Napolitain malade. Inondation qui me chasse derrière la machine des ancres. Le mousse grincheux m'installe sur un paquet de cordages, à tribord.

Tempête furieuse toute la nuit, tangage violent, paquets de mer embarqués à chaque instant par l'avant, retombant sur le pont avec un bruit de tonnerre. Nuit affreuse ; éclaboussé à chaque instant, craintes sérieuses d'un malheur. Le vent hurle et gémit, les flots énormes grondent et mugissent… Grande symphonie d'épouvante.

Des raisonnements *désespérément* lucides de cette nuit de fièvre et de délire, celui-ci m'est resté :

« C'est la *voix de la Mort* qui hurle comme cela, et c'est elle qui rage et s'acharne contre le *Berry,* pauvre petite chose secouée et torturée, ballottée comme une plume sur l'immensité mauvaise. »

Et, chose étonnante, je cherche attentivement des mots pour ciseler ces phrases sans suite, comme pour écrire, malgré la souffrance physique : mal de mer – assez faible, crampes à l'estomac à cause de la faim, douleurs dans le côté droit, froid glacial, fatigue et mal de reins, à toujours me raidir sur les cordages mouillés et durs...

La nuit, tous les passagers de pont sont descendus dans les troisièmes. Resté seul, isolé par les continuelles cataractes roulant avec des bruits de tonnerre au-dessus de ma tête, puis, retombant sur le pont au risque d'écraser celui qui eût essayé de passer...

Arrivés par une après-midi claire et ensoleillée. Monté sagement en tramway et, depuis la Magdeleine, à pied, péniblement, avec mes baluchons. Épouvante de ne pas trouver de nouvelles de Slimène. Eu, la nuit, un brusque réveil en sursaut, tellement angoissé que j'ai failli réveiller Augustin.

Matinée sans un seul instant de repos, jusqu'à l'arrivée de la dépêche de Slimène... Cela me rend courage pour subir cette nouvelle épreuve, la plus dure de toutes : la séparation.

Ici, heureux, *non pas pour moi* de trouver sinon l'aisance, au moins la sécurité d'un bien-être qui, en comparaison de mon dénuement, est la richesse.

Les impressions de jadis sont revenues, vivaces, celles surtout de mon séjour ici en novembre 1899. Tout à l'heure, j'écoutais sonner les vieilles cloches à *renversement* des églises de Marseille et je revivais les souvenirs des journées ensoleillées d'alors, quand nous errions, Popowa et moi, dans cette ville que j'aime d'un drôle d'amour mais que je n'aime pas habiter... Le château d'If et Saint-Victor... Claires journées d'automne provençal, si lointaines déjà!...

Mais qui me rendra mon Souf éternellement ensoleillé, et les blanches *zaouia,* et les calmes demeures à coupoles grises, et l'horizon infini des sables... et tout ce qui fut le décor de cette dernière demi-année de vie là-bas, au prestigieux désert... Qui me rendra Slimène, le frère et l'amant qui est toute ma famille en ce monde?

Dieu, peut-être... en qui j'ai foi et confiance, et Abd-el-Kader Djilani...

(Recopié et complété le 25 mai.)

Marseille, mardi 28 mai, 10h 1/2 soir.

Pensé, ce soir, à la misère qui, désormais, est mon lot sur la terre.

J'étais accoudée à la fenêtre de la cuisine, seule à la maison comme d'ordinaire et, dans le bien-être et la limpidité de cette claire soirée, j'ai enfin acquis la conviction absolument sincère que la misère, quelle qu'elle soit, ne peut réagir *directement* sur le sens esthétique et qu'à présent je ressentais aussi bien qu'avant, *sinon mieux,* la splendeur des choses; conclusion consolante entre toutes.

Ennui et inquiétude de savoir Slimène seul là-bas, entouré de tous ces infâmes, Mouloud, Bornia, etc, qui sont mes ennemis lâches et venimeux. Je pense qu'il sortira victorieux de cette épreuve *s'il plaît à Allah!*

Je suis prête à tout, pour lui ; dans le tête-à-tête je puis être *envers lui,* mais envers *lui seul,* d'une douceur et d'une soumission absolues ; mais je ne veux pas de mainmise sur ma liberté, sur ma dignité de la part de tout ce vil troupeau qui s'imagine avoir des droits sur cet homme – pourquoi ? quand lui seul a droit sur moi, et moi sur lui, sur sa fidélité et sa conduite. *(ar.) La malédiction soit sur eux dans tous les siècles.*

Je me sens contre tous ces misérables la même haine férocement froide qui m'anime contre un Aly ou un ben Osman, non pas parce qu'ils m'ont volée, mais parce qu'ils m'ont outragée et parce qu'ils sont *vulgaires,* vils et insolents.

La bassesse et la vulgarité dans le mal me l'ont toujours rendu bien plus odieux et plus détestable, comme toute *médiocrité* d'ailleurs.

Marseille, le 3 juin 1901, 9 heures du soir.

J'éprouve le besoin de noter, très vite, les sensations de l'heure et quelques constatations assez justes et importantes.

D'abord, la note dominante, c'est le désir de partir le plus *vite possible,* de revoir Slimène et de ne plus jamais le quitter, pour le garder jalousement, car j'ai enfin acquis la conviction que je n'ai plus que lui au monde et que la vie ne m'est plus possible loin de lui. Certes, Augustin fait son possible pour moi, mais son mariage l'a éloigné de moi pour toujours et je ne puis plus compter sur lui comme je me l'imaginais jadis. Il y a d'ailleurs *l'inconscience* obligée de sa femme, enfant du peuple et du peuple le plus *impulsif* qui soit, qui me rend la vie commune insupportable, à moi qui *comprends* trop la vie et les choses.

Le seul être avec lequel je sois arrivé à vivre en harmonie, auprès duquel je me sois senti en sûreté – combien le ressouvenir de cette sensation m'est doux au milieu des angoisses présentes! – c'est Slimène.

J'envisage actuellement l'heure où nous serons réunis comme une heure de *délivrance,* et j'imagine que j'éprouverai, en cet instant, la sensation bienheureuse qu'éprouve celui qui aurait porté un poids écrasant et menaçant pour sa vie et qui en serait soudain débarrassé.

Je pense même, puisque cela ne changerait rien à l'affaire du conseil de guerre que, si je recevais de l'argent de l'Agreby par le courrier de mercredi, je partirais sûrement samedi, pour Philippeville, afin de hâter d'une semaine l'heureux revoir et la fin des angoisses perpétuelles au milieu desquelles je vis depuis mon départ de Batna, soit depuis tout un mois.

Il me faudra certainement tâcher d'arranger ma vie de manière à la rendre supportable là-bas, surtout si nous devons rester à Batna un temps plus ou moins long… Quand j'y rentrerai après le conseil, il ne nous restera que *huit mois* à souffrir, au bout desquels il y a la *certitude* du mariage officiel et de la liberté. Jusqu'à présent, Dieu a eu pitié de nous et ne nous a jamais abandonnés, dans les heures les plus cruelles. Je suis déjà accoutumé à songer à lui et ce protecteur mystérieux qu'est *Djilani* avec une sensation de réconfort.

Je constate également que j'ai traversé et que je traverse encore l'une des périodes *d'incubation* dont je commence à constater quelques résultats : je comprends mieux les hommes et les choses et l'horizon de ma vie est moins sombre, quoique triste infiniment.

La vie est non pas seulement une lutte perpétuelle contre les circonstances, mais bien plutôt une lutte incessante *contre nous-mêmes*. C'est une vérité vieille comme le monde, mais les trois quarts des hommes l'ignorent ou n'en tiennent aucun compte : de là les malheureux, les désespérés et les malfaisants.

La puissance de l'âme sur elle-même est *colossale,* surtout chez certains individus et cette puissance grandit par l'usage.

Souvent, cette bienfaisante faculté s'acquiert surtout, comme chez moi, par la souffrance. La souffrance est bonne, car elle *ennoblit…,* sans doute pour les acheminements inconnus de l'au-delà, car sans l'au-delà, tout est *ignoble et bête.* Seule la souffrance engendre la splendeur des grands courages et des grands dévouements, comme elle engendre celle des grandes sensations et des vastes idées…

Ce qui m'enchante dans l'héroïsme, notamment, ce n'est nullement le côté *tapageur* qui peut enthousiasmer l'homme du peuple et en faire un héros *inconscient :* c'est la *beauté pure* de l'acte, *l'harmonie* de ses lignes, pour ainsi dire, et surtout, l'élévation immédiate, par l'absolu *renoncement* à toutes les attaches profondes de notre animalité, à la *sincérité* absolue, *impossible* en dehors de l'heure suprême, culminative où, selon l'expression consacrée, l'homme se trouve face à face avec la mort… Mais, pour cela, il faut qu'il ait l'absolue *certitude,* dans les mesures de l'absolu humain, de *l'imminence* et de *l'inévitabilité* de la mort, sans quoi l'héroïsme n'est souvent, surtout chez l'homme simple, que de confiance exagérée en cette chose vague, moins consolante, que l'on nomme la chance.

Mourir, *consciemment,* calmement, *en attestant et pour attester* sa foi, quelle qu'elle soit, voilà de la splendeur pure. Mais, je le répète, il faut que l'acte soit *conscient*.

Pour mon compte, je suis sûr qu'entre la mort immédiate, indubitable et *l'abjuration,* je choisirais la mort, pour bien des raisons : solennité de l'heure d'abord, fierté vis-à-vis de moi-même surtout, car l'équilibre du monde moral et intellectuel qui est si fermé et qui me fait vivre serait gravement compromis, sinon troublé à jamais, et ensuite, par dédain instinctif de la vie en elle-même sans ce qui l'embellit et la rend digne d'être vécue et *étudiée*. Chose étrange : en commençant ces notes, c'est-à-dire après y avoir parlé de mes sentiments à l'égard de Slimène et de la vie présente, je voulais dire tout à fait autre chose que ce que j'ai dit et si *imparfaitement* dit.

Il est une chose que, je le constate, maintenant, je n'ai jamais comprise et ne comprendrai jamais : *le caractère et la vie d'Augustin*. Est-il *devenu* tel qu'il est ou, bien plutôt, l'a-t-il toujours été ? Je penche plutôt vers cette dernière alternative, quoiqu'à son retour de Corse et jusqu'à son départ pour le 1er Étranger, et pendant les premiers temps qui ont suivi son retour de Tunis, il eût été en réalité ce que j'avais cru discerner en lui. À présent, c'est fini et bien fini et il semble s'encrasser de plus en plus dans sa vie présente, vie où l'intellect n'a presque plus de place et qui, de plus en plus, me rebute et me devient étrangère.

Et, dans ces conditions, quel est l'avenir, très sombre à mon avis, qui attend cet être qui me ressemble très mystérieusement au physique et qui, j'en suis sûr sans pouvoir dire pourquoi, aura beaucoup d'affinités psychologiques avec moi... Pauvre petite Hélène où je reconnais mes traits avec une sorte *d'attendrissement* et *d'angoisse*! Tu m'ignoreras sans doute toujours, moi qui tiens si peu de place dans la maison où tu dois grandir et qui, désormais, n'y réapparaîtrai que le plus *rarement* possible! Qu'en feront-ils, ses parents?

Et où est restée cette *affinité* de nos deux natures, à Augustin et à moi, qu'il affirmait jadis si hautement?... Hélas, hélas, plus je regarde, moins je la revois!

Ô Slimène, Slimène, reste ce que tu fus pour moi pendant dix mois, ne m'abandonne pas et laisse-moi me réfugier près de toi... toi seul, tu me restes encore!

Marseille, le 4 juin, mardi midi.

Passé une nuit abominable à douter de tout, surtout de Rouh', ce qui m'a tellement torturé que j'ai cru perdre la raison. Rarement j'ai autant souffert, physiquement et moralement, comme depuis dimanche. La raison est en grande partie physiologique : violente perturbation de toute la circulation provoquée par la scène idiote de l'autre jour.

Quelles angoisses, quelles noires idées!

J'ai soufflé la lampe à 2 heures et, longtemps après, me suis assoupie, puis réveillée en sursaut à 3 heures avec une angoisse sans cause qui était le prélude de l'horrible crise de désespoir qui a duré jusqu'au grand jour.

Irritation, angoisse, énervement, souffrance morale aiguë jusqu'à la folie, voilà ce que m'a donné ce dernier séjour ici. Et, de jour en jour davantage, mon cœur s'élance vers Slimène. Là-bas aussi, il y aura la souffrance, la misère, l'ennui, les privations éternelles… Mais il y aura l'immense consolation de le savoir là, de le voir, de l'entendre me parler, d'avoir, enfin, un confident de toutes mes douleurs, de toutes mes pensées, à qui presque tout de moi est intelligible et pour qui je suis ce que lui-même est pour moi.

Être *tranquille,* sûre que le soir *on se soulagera l'âme.*

Il y a une lueur d'espoir du côté du travail russe qui a bien des chances d'amener une sérieuse amélioration.

Ah! si Atabek m'envoyait 20 francs et Agreby 30, je pourrais partir vendredi, aller à Batna, et mettre ainsi fin à cet intolérable état de choses. La raison recommanderait même de ne pas *rengager* pour une semaine de plus de pareilles souffrances, et cela éviterait l'ennui d'avoir affaire à ces gueux de la famille de Bornia.

Tout, mon Dieu, tout pour le revoir ne fût-ce qu'à la porte du quartier, furtivement, comme durant sa semaine!

Marseille, le vendredi 7 juin 1901.

Le 6, publication dans *la Dépêche algérienne* de ma lettre concernant Behima.

Le 7, envoyé lettre rectificative.

Texte des Lettres

Monsieur le Directeur,

Le 18 juin prochain, le conseil de guerre de Constantine va juger un indigène nommé Abdallah ben Si Mohammed ben

Lakhdar, du village de Behima, près El Oued (cercle de Touggourt). Cet homme est accusé et convaincu de meurtre ou plutôt de tentative d'assassinat prémédité.

C'est moi qui ai été la victime de cette agression qui a failli me coûter la vie.

J'ai été fort surprise de constater qu'aucun journal algérien n'a soufflé mot de cette affaire, l'une des plus étranges cependant et des plus mystérieuses qu'un tribunal algérien ait jamais eu à juger. Je suppose que la presse n'a pas reçu communication des détails de cette affaire. Dans le seul intérêt de la vérité et de la justice, j'estime qu'il serait bon de raconter au public les détails de ce procès avant qu'il soit jugé. Je vous prie donc de bien vouloir publier la présente lettre sous ma signature. J'en assume la pleine et entière responsabilité.

Qu'il me soit permis de donner d'abord quelques explications nécessaires à la compréhension du récit qui va suivre.

Durant l'instruction du procès Abdallah ben Mohammed, les officiers chargés de cette instruction ont manifesté à plusieurs reprises leur étonnement en m'entendant déclarer que je suis musulmane et même initiée à la confrérie des Kadriya, et en me voyant porter le costume arabe, tantôt féminin, tantôt masculin, selon les circonstances et les besoins de ma vie essentiellement errante.

Afin de ne pas passer pour une émule du Dr Grenier [17] ou pour une personne revêtant un costume et s'affublant d'une étiquette religieuse dans un but intéressé quelconque, je tiens à déclarer ici, que je n'ai jamais été chrétienne, que je ne suis pas baptisée et que, quoique sujette russe, je suis musulmane

---

17. Ancien député du Doubs costumé à l'orientale, même à la Chambre des députés et dans les rues.

depuis fort longtemps. Ma mère, qui appartenait à la noblesse russe, est morte à Bône, en 1897, après s'être faite musulmane et a été enterrée dans le cimetière arabe de cette ville.

Je n'ai donc pas eu besoin de me faire musulmane, ni aucune raison de jouer la comédie, ce que mes coreligionnaires algériens ont si bien compris que le cheikh *Si Mohammed-el-Houssine, frère de Si Mohammed Taïeb,* naïb *de la confrérie à Ouargla, a consenti sans aucune difficulté à me donner l'initiation en confirmation de celle que j'avais déjà reçue de l'un de ses* mokaddem. *J'ai tenu à dire tout cela d'abord pour la raison énoncée plus haut, ensuite pour que l'on n'explique pas l'attentat d'Abdallah par une haine fanatique contre tout ce qui est chrétien car je ne suis pas chrétienne et tous les Souafa le savent, y compris Abdallah!*

Voici maintenant le récit de l'agression dont je fus victime le 29 janvier, à 3 heures de l'après-midi, dans la maison d'un certain Si Brahim ben Larbi, propriétaire au village de Behima, à 14 kilomètres au nord d'El Oued, sur la route du Djérid tunisien.

Ayant passé à El Oued lors d'une première excursion dans le Sahara constantinois que je fis en été 1899, j'avais gardé le souvenir de la profonde impression qu'avait faite sur moi ce pays des dunes immaculées et des profonds jardins, palmeraies ombreuses. Je vins donc me fixer à El Oued en août 1900, sans savoir au juste pour combien de temps. C'est là que je me fis initier à la confrérie des Kadriya, dont je fréquentai désormais les trois zaouia situées aux environs d'El Oued, ayant acquis l'affection des trois cheikh, *fils de Sidi Brahim et frères de feu le* naïb *d'Ouargla. Le 29 janvier, j'accompagnai l'un d'eux, Si Lachmi, au village de Behima. Le* cheikh *se rendait à Nefta (Tunisie) avec des khouan pour une* ziara *au tombeau de son père, Sidi Brahim. Des circonstances d'ordre personnel m'empêchant de pousser jusqu'à Nefta, j'accompagnai le* cheikh *jusqu'à Behima où le pèlerinage devait passer la nuit. Moi, je comptais rentrer le soir même à El Oued, avec mon domestique, un Soufi, qui m'accompagnait à pied.*

Nous entrâmes dans la maison d'un nommé Si Brahim ben Larbi et, tandis que le marabout *se retirait dans une autre pièce pour la prière de l'après-midi, je demeurai dans une grande salle donnant sur une antichambre ouverte sur la place publique où stationnait une foule compacte et où mon serviteur gardait mon cheval. Il y avait là cinq ou six notables arabes de l'endroit et des environs, presque tous* khouan Rhamania. *J'étais assise entre deux de ces personnes, le propriétaire de la maison et un jeune commerçant de Guémar, Ahmed ben Belkassem. Ce dernier me pria de lui traduire trois dépêches commerciales dont l'une, fort mal rédigée, me donna beaucoup de peine. J'avais la tête baissée et le capuchon de mon* burnous *rabattu par-dessus le turban, ce qui m'empêchait de voir devant moi. Brusquement, je reçus à la tête un violent coup suivi de deux autres au bras gauche. Je relevai la tête et vis devant moi un individu mal vêtu, donc étranger à l'assistance, qui brandissait au-dessus de ma tête une arme que je pris pour une matraque. Je me levai brusquement et m'élançai vers le mur opposé, pour saisir le sabre de Si Lachmi. Mais le premier coup avait porté sur le sommet de ma tête et m'avait étourdie. Je tombai donc sur une malle, sentant une violente douleur au bras gauche.*

L'assassin, désarmé par un jeune mokaddem *des Kadriya, Si Mohammed ben Bou Bekr et un domestique de Sidi Lachmi nommé Saad, réussit cependant à se dégager. Le voyant se rapprocher de moi, je me relevai et voulus encore m'armer, mais mon étourdissement et la douleur aiguë de mon bras m'en empêchèrent. L'homme se jeta dans la foule en criant :*

« *Je vais chercher un fusil pour l'achever.* » *Saad m'apporta alors un sabre arabe au fer ensanglanté et me dit :* « *Voilà avec quoi ce chien t'a blessée !* »

Le marabout, *accouru au bruit, et auquel le meurtrier fut immédiatement nommé par des personnes qui l'avaient reconnu, fit appeler le* cheikh *indépendant de Behima, appartenant, comme l'assassin, à la confrérie des Tidjanya qui sont, comme l'on sait, les adversaires les plus irréconciliables des Kadriya dans le désert. Ce singulier fonctionnaire opposa une résistance obstinée au* marabout, *prétendant que le meurtrier était un* cherif, *etc., etc. Le* marabout *le menaça alors publiquement de le dénoncer comme complice au bureau arabe et exigea énergiquement que l'assassin fût immédiatement arrêté et amené. Le* cheikh *s'exécuta de fort mauvaise grâce.*

L'assassin, emmené dans la pièce où l'on m'avait étendue sur un matelas, commença par simuler la folie, puis, convaincu de mensonge par ses propres concitoyens qui le connaissent pour un homme raisonnable, tranquille et sobre, il se mit à dire que c'était Dieu qui l'avait envoyé pour me tuer. Ayant toute ma connaissance, je constatai que la figure de cet homme m'était totalement inconnue, et je me mis à l'interroger moi-même. Il me dit que, lui non plus, il ne me connaissait pas, qu'il ne m'avait jamais vue, mais qu'il était venu pour me tuer et que, si on le lâchait, il recommencerait. À ma question pourquoi il m'en voulait, il me répondit : « *Je ne t'en veux nullement, tu ne m'as rien fait, je ne te connais pas, mais il faut que je te tue.* » *Le* marabout *lui demanda s'il savait que je suis musulmane, il répondit affirmativement. Son père déclara qu'ils étaient Tidjanya. Le* marabout *obligea le* cheikh *de l'endroit à prévenir le bureau arabe et demanda un officier pour emmener le meurtrier et ouvrir l'instruction, et le médecin major pour moi. Vers 11 heures, l'officier chargé de l'instruction, lieutenant au bureau arabe et le major se présentèrent. Le major constata que la blessure de ma tête et celle de mon poignet gauche étaient insignifiantes; un hasard providentiel m'avait sauvé la vie : une corde à linge se trouvait tendue juste au-dessus de ma tête et avait amorti le premier coup de sabre qui, sans cela, m'eût infailliblement tuée. Mais l'articulation de mon coude gauche était ouverte du côté externe, le muscle et l'os entamés. Grâce à l'énorme perte de sang que j'avais subie – pendant six heures – je me trouvais dans un état de faiblesse tel, qu'il fallut me laisser, ce soir-là, à Behima.*

Le lendemain je fus transportée sur un brancard à l'hôpital militaire d'El Oued où je restai jusqu'au 25 février dernier Malgré les soins dévoués et intelligents de M. le Dr Taste, je sortis de l'hôpital infirme pour le restant de mes jours et incapable de me servir de mon bras gauche pour aucun travail tant soit peu pénible.

Malgré que, lors de mon premier voyage, j'avais eu des démêlés avec le bureau arabe de Touggourt dont dépend celui d'El Oued, démêlés provoqués uniquement par la méfiance de ce bureau, le chef de l'annexe d'El Oued, les officiers du bureau arabe et de la garnison, ainsi que le médecin major furent pour moi de la plus grande bonté et je tiens à leur donner un témoignage public de ma reconnaissance.

L'instruction a établi qu'Abdullah avait cherché, pendant cinq jours avant son crime, à acheter des armes à feu, mais n'en avait point trouvé. Que le jour de notre arrivée à Behima, il avait transféré sa famille – ce malheureux a des enfants en bas âge – et ses biens meubles, dans la maison de son père dont il vivait séparé depuis six ans. Étant des Tidjanya notoires, son père et lui se sont subitement dédits de leur confrérie et le père m'a déclaré qu'il était Kadrya et le fils a affirmé à l'instruction qu'il était de la confrérie de Mouley-Taïeb. L'officier de police judiciaire, M. le lieutenant Guillot, a convaincu Abdallah de mensonge sur ce point.

Peu de jours avant mon départ d'El Oued, j'entendis circuler dans les milieux indigènes le bruit qu'Abdallah, précédemment criblé de dettes, se serait rendu à Guémar (centre Tidjany) peu de jours avant son crime et, à son retour, aurait payé ses dettes et aurait même acheté un jardin de palmiers. Vers cette même époque, le père d'Abdallah alla à la zaouia de Sidi Lachmi et lui dit devant témoins que son fils avait été acheté pour m'attaquer, mais qu'ignorant quels étaient les instigateurs, il voudrait bien être autorisé à voir son fils devant qui de droit pour l'inviter à faire des aveux complets. Le marabout lui avait conseillé de s'adresser au bureau arabe. Le vieillard demanda à me parler, par l'un de mes serviteurs, et me dit : « Ce crime ne vient pas de nous » et me révéla aussi son désir de voir son fils pour le pousser à tout avouer. Voici les faits.

Il est évident d'abord qu'Abdallah n'a pas voulu me tuer par haine des chrétiens, mais poussé par d'autres personnes et ensuite que son crime était prémédité. J'ai déclaré à l'instruction que j'attribuais en grande partie cette tentative criminelle à la haine des Tidjanya pour les Kadrya et que je supposais que c'étaient les kaba ou khouan Tidjanya qui s'étaient concertés pour se débarrasser de moi qu'ils voyaient aimée par leurs ennemis, – ce que prouve la désolation des

Khouan, *quand ils apprirent le crime. Quand je passais portée sur une civière, par les villages des environs d'El Oued, lors de mon transfert à l'hôpital, les habitants de ces villages, hommes et femmes, sortirent sur la route en poussant les cris et lamentations dont ils accompagnent leurs enterrements. J'espère que le conseil de guerre de Constantine ne se contentera pas de la condamnation pure et simple d'Abdallah ben Mohammed, mais tâchera de faire la lumière autour de cette ténébreuse affaire.*

Pour moi Abdallah n'a été qu'un instrument entre d'autres mains et sa condamnation ne saurait me satisfaire, ni, d'ailleurs, tous ceux qui vénèrent la vérité et la justice.

Ce n'est pas Abdallah seul que je voudrais voir assis sur le banc des accusés, mais bien plutôt ceux qui l'ont instigué, c'est-à-dire les vrais coupables, quels qu'ils soient.

J'espère, Monsieur le Directeur, que vous ne refuserez pas la publicité de votre estimable journal à cette communication qui, j'ose le croire, n'est pas dénuée d'intérêt. Si le Tell algérien ne diffère pas sensiblement, au point de vue politique, sinon social des autres départements de la France, il n'en est pas de même au Sahara où les choses se passent tout autrement, et même d'une façon dont on est loin de se douter en France.

ISABELLE EBERHARDT.

Marseille, le 7 juin 1901.

Monsieur le Directeur,

Je viens vous remercier très sincèrement d'avoir bien voulu insérer ma longue lettre du 29 mai dernier : je n'en attendais pas moins de l'impartialité bien connue de La Dépêche algérienne, *qui a toujours fait preuve d'une grande modération au milieu des violences qui sont malheureusement devenues une sorte de règle de conduite pour certains organes algériens. Cependant, Monsieur le Directeur, en un moment où le séjour des étrangers en Algérie est devenu une question d'actualité, il me semble que j'ai non seulement le droit, mais même le devoir, de donner quelques explications publiques et franches à tous ceux qui auront pris la peine de lire ma première lettre.*

Vous m'avez fait l'honneur tout à fait immérité – et que je ne tiens pas à mériter – de m'attribuer une certaine influence religieuse sur les indigènes du cercle de Touggourt : or, je n'ai jamais joué ni cherché à jouer aucun rôle politique ou religieux, ne me considérant nullement comme ayant le droit et les aptitudes nécessaires pour me mêler de choses aussi graves, aussi compliquées que les questions religieuses dans un pays semblable.

En 1899, avant de partir pour Touggourt, je crus de mon devoir d'aller personnellement informer de mon départ M. le lieutenant-colonel Fridel, alors chef du cercle de Biskra. Cet officier, qui me reçut fort bien, me demanda, avec une franchise toute militaire, si je n'étais pas anglaise ni méthodiste, ce à quoi je répondis en présentant au chef du cercle des documents établissant irréfutablement que je suis russe et parfaitement en règle vis-à-vis des autorités impériales avec l'autorisation desquelles je vis à l'étranger. J'exposai de plus à M. Fridel mes opinions personnelles sur la question des missions anglaises en Algérie, lui disant que j'ai en horreur tout prosélytisme et surtout l'hypocrisie qui est le trait du caractère anglais, aussi peu sympathique à nous autres Russes qu'il est odieux pour tout Français.

À Touggourt, je trouvai comme chef du bureau arabe, en l'absence du commandant, le capitaine de Susbielle, homme d'un caractère tout particulier, et, pour employer une expression populaire, peu commode. Là encore, il me fallut prouver que je n'étais nullement une miss déguisée en arabe, mais bien une plumitive russe… Il me semblerait pourtant que, s'il est de par le monde un pays où un Russe devrait pouvoir vivre sans être soupçonné de mauvaises intentions, ce pays est la France!

M. le chef de l'annexe d'El Oued, capitaine Cauvet, homme d'une très haute valeur intellectuelle et très dévoué à son service, a eu, six mois durant, l'occasion de constater de visu que l'on ne pouvait rien me reprocher, sauf une grande originalité, un genre de vie bizarre pour une jeune fille, mais bien inoffensif, et il ne jugea pas que ma préférence du burnous à la jupe et des dunes au foyer domestique pût devenir dangereuse pour la sécurité publique dans l'annexe.

J'ai dit dans ma première lettre que les Souafa appartenant à la confrérie de Sidi Abd-el-Kader et ceux des confréries amies ont manifesté leur douleur, quand ils ont appris que l'on avait voulu m'assassiner. Si ces braves gens avaient une certaine affection pour moi, c'est parce que je les ai secourus de mon mieux, parce qu'ayant quelques faibles connaissances médicales, je les ai soignés pour des ophtalmies, conjonctivites et autres affections courantes de ces régions. J'ai tâché de faire un peu de bien dans l'endroit où je vivais… c'est le seul rôle que j'aie jamais joué à El Oued.

En ce monde, il y a bien peu de personnes qui n'ont aucune passion, aucune manie, si l'on veut. Pour ne parler que de mon sexe, il est des femmes qui feraient bien des folies pour avoir des toilettes chatoyantes, et il en est d'autres qui vieillissent et pâlissent sur les livres pour obtenir des diplômes et aller secourir des moujiks… Quant à moi, je ne désire qu'avoir un bon cheval, fidèle et muet compagnon d'une vie rêveuse et solitaire, et quelques serviteurs à peine plus compliqués que ma monture, et vivre en paix, le plus loin possible de l'agitation, stérile à mon humble avis, du monde civilisé où je me sens de trop.

À qui cela peut-il nuire, que je préfère l'horizon onduleux et vague des dunes grises à celui du boulevard ?

Non, Monsieur le Directeur, je ne suis pas une politicienne, je ne suis l'agent d'aucun parti, car, pour moi ils ont tous également tort de se démener comme ils le font, je ne suis qu'une originale, une rêveuse qui veut vivre loin du monde civilisé, de la vie libre et nomade pour essayer ensuite de dire ce qu'elle a vu et, peut-être, de communiquer à quelques-uns le frisson mélancolique et charmé qu'elle ressent en face des splendeurs tristes du Sahara… Voilà tout. Les intrigues, les trahisons et les ruses de la Sonia d'Hugues Le Roux *me sont aussi étrangères que son caractère me ressemble peu… Je ne suis pas plus Sonia que je ne suis la méthodiste anglaise que l'on a cru voir en moi jadis… Il est vrai que l'été 1899 fut excessivement chaud dans le Sahara et que le mirage déforme bien des choses et explique bien des erreurs !*

Isabelle Eberhardt.

Enfin, je suis presque certaine de partir vendredi prochain. Il ne me reste donc plus que sept jours à rester ici. Je suis sûre qu'Augustin fera son possible pour me procurer l'argent nécessaire.

Pauvre Augustin! Cet homme, tout énigmatique qu'il puisse me sembler, est bon pour moi et, en moi, rien au monde ne détruira jamais l'affection profonde et éternelle que j'ai pour lui. Ah! quel regret, que son mariage l'empêche de se joindre à Slimène et à moi, pour une vie qui eût été bien douce!

Cependant, pour tous, il vaut mieux que je parte et, au bout de cette semaine, il y a l'immense bonheur de revoir Slimène, de le tenir dans mes bras et, *s'il plaît à Allah,* de ne plus le quitter.

Hier, de nouveau, passé la moitié de la nuit en des souffrances atroces; étourdissement, mal de tête affreux.

Enfin, quand je serai à Batna, il faudra que je m'emploie à économiser chaque sou, à chercher à me faire rembourser le plus d'argent possible, et, surtout, à travailler en russe: cela seul m'est une chance de commencer à gagner à relativement brève échéance. Cela ne me sera pas trop pénible, si ma santé si terriblement ébranlée tient seulement bon. Travailler pour pouvoir rester avec Ouïha, voilà ce qui est mon devoir. Il saura me consoler de cette peine.

Ce soir, j'ai écrit une lettre pour Ahmed Chérif et, en l'écrivant, je me suis souvenue de l'automne 1899.

Où est la vie aventureuse, mystérieuse, dans les oliveraies immenses du Sahel?

Combien sonnent étrangement à mes oreilles ces noms jadis si familiers: Monastir, Sousse, Moknine, Esshyada, Ksasr, Ibellal, Sidi N'eidja, Beni-Hassane, Anura, Chrahel, Melloul, Hadjedj... Où est ce pays unique au monde, cette Palestine africaine aux vertes et molles prairies, aux blancs petits villages se reflétant dans l'eau bleue des golfes paisibles?

Où est Sousse, avec ses blanches murailles maures et son phare tournant, et la grève blanche de Monastir où battent éternellement les flots qui gémissent sur les brisants ?

Où est le minaret blanc de Kasr Hellal et le grand palmier solitaire qui donnent à cette petite cité du Sahel l'aspect d'un bourg quelconque du désert et que je vois encore se profiler sur l'embrasement immense d'un coucher de soleil, le soir où j'allais avec Chérif, sur la plage de Séyada regarder la nuit tomber sur la mer noyée de vapeurs blanches, tandis que mon beau Mellouli, le prédécesseur du pauvre Souf, était attaché, impatient, à un olivier des jardins...

Où est le jardin de Melloul où, parmi les grenadiers et les hendis, nous rêvions et nous parlions, Chérif et moi, à l'heure du *maghreb* ?... Et la route illuminée par la lune que nous suivions, au moment où éclata la révolte de cette tribu de brigands à travers laquelle j'eus tant de peine à me frayer passage, la cravache à la main pour toute arme, tandis que Chérif leur parlait.

[Isabelle Eberhardt revient à Constantine pour assister au jugement de son agresseur]

Quitté Marseille le jeudi 13 juin 1901, midi.
Nuit du 13 au 14 en mer. – Arrivé à Philippeville le vendredi 1ᵉʳ à 10 heures soir. Passé la nuit à bord avec Ammara, des Ouled Aly, condamné du pénitencier de Chiavari. Le samedi 15, 6 heures, départ pour Constantine. Arrivé 9 h 10. Été café Zouaouï. Parti avec le portefaix Hamou à la recherche de Ben Chakar. Vers midi,

trouvé. Soir café Sidi Ksouma. Le dimanche 16. Train 6 heures, rencontré Ouïha. Nuit hôtel Métropole rue Basse Damrémont. Le lundi 17, arrivée Sidi Lachmi.

18, 6 heures – Conseil de guerre. Sorti à 11 heures. Le jeudi 20, 6h30, parti pour Philippeville. Arrivé à 9 h 35. Nuit hôtel Louvre [18].

Note en russe. – Premier cahier de la deuxième partie de *la Vie au Sahara* qui se termine à l'arrivée à El Oued. Dans la description primitive du Souf, j'ai parlé des constructions des jardins de Kouïnine ; Tekseben, Igarra sont décrits. Le travail s'arrête à la description des collines de l'Amour ; il s'achève ainsi : « Le bois résonne étrangement au milieu du silence mortel du désert, au-dessus de l'ensemble gris des coupoles qui déjà se noient petit à petit dans la brume bleuâtre du soir…

Déclaration lors du conseil de guerre.
Comme je l'ai déjà déclaré, tant à l'instruction que dans mes deux lettres à La Dépêche algérienne, *j'ai et j'aurai toujours la conviction qu'Abdallah ben Si Mohamed ben Lakhdar a été l'instrument d'autres personnes qui avaient un intérêt – réel ou imaginaire – à se défaire de moi. Il est évident que, si même comme il l'a déclaré à son père lors de son arrestation, il a été acheté pour me tuer, Abdallah ne pouvait espérer jouir du prix de son crime, puisqu'il m'a attaquée dans une maison habitée et au milieu de personnes qu'il me savait*

---

18. Sitôt le jugement rendu (20 ans de travaux forcés pour son agresseur), Isabelle est l'objet d'un arrêté d'expulsion, ce qu'elle indique si sèchement dans son itinéraire. Voici la déclaration qu'elle fit avant son départ. *(Note de l'édition de 1923.)*

favorables. Il était sûr d'être arrêté. Il est donc clair qu'Abdallah est un déséquilibré, un maniaque, qui a manifesté son repentir et, même à l'audience, il m'a demandé pardon. Je trouve donc que le verdict d'aujourd'hui a été excessivement sévère, et je tiens à vous déclarer que je regrette cette sévérité. Abdallah a une femme et des enfants. Je suis femme et ne puis que plaindre de tout mon cœur cette veuve et ces orphelins. Quant à Abdallah lui-même, je n'ai pour lui que la plus profonde pitié. J'ai été très douloureusement surprise d'apprendre, au sortir de la séance de ce matin, que je suis l'objet d'un arrêté d'expulsion pris contre moi par M. le gouverneur général. Cet arrêté m'interdit le séjour de l'Algérie tout entière, sans distinction entre les territoires civils et militaires. Je me demande pour quels motifs cette mesure a été prise contre moi, Russe, qui, en toute conscience, n'ai rien à me reprocher. Jamais je n'ai participé ni eu connaissance d'aucune action anti-française, soit dans le Sahara, soit dans le Tell. J'ai au contraire défendu de toutes mes forces feu le naïb d'Ouargla Sidi Mohamed Taïeb, mort glorieusement sous le drapeau tricolore, contre les accusations de quelques musulmans, ignorant tout de l'islam – du vrai, celui du Coran et de la Sounna – qui accusaient le naïb d'avoir trahi l'Islam en installant les Français à In-Salah. J'ai toujours et partout parlé aux indigènes en faveur de la France qui est ma patrie adoptive. Pourquoi suis-je donc l'objet d'une mesure qui, profondément blessante pour mes sentiments de Russe, m'est de plus la cause d'un immense chagrin d'un autre ordre, puisqu'elle me sépare – pour des mois – de mon fiancé qui, étant sous-officier à la garnison de Batna, ne peut me suivre. J'aurais peut-être admis que, pour me soustraire à la vengeance de la tribu d'Abdallah, l'on m'interdit le séjour des territoires de commandement. Mais je ne compte nullement retourner dans le Sud. Je demande uniquement que l'on me laisse vivre à Batna, épouser celui qui a été mon compagnon d'infortunes et qui est mon seul soutien moral en ce monde. Voilà tout...

Le jeudi 4 juillet 1901, midi.

Départ de Zuizou par le *Touareg*. Journée noire d'ennui mortel, d'angoisse, de désespoir... Quand nous reverrons-nous ?

J'ai mis ma confiance en Allah et en notre seigneur et cheikh Abd-el-Kader El Djilani. Amen !

Marseille, le 5 juillet 1901.

Je traverse de nouveau une période de lourd ennui, de souffrance, d'autant plus difficile à supporter, avec ma nature, qu'elle est plus lente, plus sourde : pas de crises, pas de phases successives : Rouh' est parti hier... moi, je suis exilée de là-bas, je ne puis y retourner, sauf par un coup d'audace... et encore, pas dans la province de Constantine. Il y aura probablement quinze jours, plus peut-être, à attendre le retour de Zuizou. Un demi-mois de morne ennui, de souffrance, de malaise et d'angoisse perpétuelle, à la pensée que, là-bas, l'ennemi veille et qu'il fera tout son possible pour nous entraver encore.

Mais il faut patienter, puisque personne, sauf Dieu, ne peut rien changer à cette situation.

Hier, course lugubre, en tramway, jusqu'à la Joliette. Ciel gris, vent furieux. Les navires dansent dans le port.

Embarquement sur le *Touareg*... Pendant toute la manœuvre, je n'ai pas quitté Zuizou du regard, le cœur déchiré, l'âme en deuil...

Repris, lentement, le chemin du boulevard Mérentié, sans hâte ni désir de prolonger cette promenade qui ressemblait à un retour du cimetière, après un enterrement.

Indifférence profonde, absolue, pour tout au monde. Rentrée, je me suis couchée et ne me suis relevée que vers 8 heures, sur les instances d'Augustin.

Passé cette demi-journée en une sorte d'angoissant délire vague, informe. Quand la nuit fut tout à fait tombée, eu un instant d'affreuse désespérance. À présent, ici, tout me rappelle Zuizou, et cela augmente ma douleur.

Chose étrange, le besoin *fondamental* de ma nature, c'est la *variation* des décors. Sans cela la joie m'est fade, sans saveur, le bonheur se traîne monotone et insipide, et la douleur m'accable.

Au contraire, les grandes luttes, les crises de désespoir remontent mon énergie et calment mes nerfs... La *monotonie,* la *médiocrité* des décors et des ambiances, voilà l'ennemi.

C'est pourquoi ce demi-mois me semblera certes plus pénible à supporter que les heures noires d'El Oued, de Behima, de Constantine...

Des impressions de cette dernière période, il y aurait beaucoup à dire...

D'abord, le soir de l'arrivée à Philippeville, sur le *Félix-Touache,* éprouvé la sensation du bien-être, de *rajeunissement* que me procure toujours l'arrivée sur cette côte bénie de la patrie africaine et qui contraste singulièrement avec les sensations de plus en plus sombres des arrivées à Marseille… Impressions aussi maussades que les autres sont gaies !

Philippeville, de nuit, silhouette noire d'une colline haute, piquée de feux jaunes du gaz.

Course avec Si Mahmoud ben Hassen de Bône en ville. À minuit, retour à bord. Trouvé le condamné Ammara des Ouled Aly entre Sétif et Bordj-bou-Aréridj, dans l'étouffement de l'entrepont.

Montés sur le pont désert, installés à tribord, dans le silence et la fraîcheur nocturnes du port. À 3 heures, descendue, seule, dans l'entrepont : allumettes détrempées, impossible de faire de la lumière. Habillée dans l'obscurité, à tâtons. Remontée sur le pont, réveillé Ammara ; plié le pieu, fait les baluchons, matinée grise. Quelques gouttes de pluie.

Philippeville de jour, bourg européen, sans caractère, mais charmant, au milieu du dévalement des verdures au-dessus de la baie bleue. Quartiers plats, avoisinant la mer, impression du port de Bizerte, aperçu de nuit, furtivement, en été 1899…

Départ à 6 heures. Jusqu'à Constantine, montagnes, coteaux et plaines fertiles. Joie enfantine d'Ammara à la vue des champs, des tentes et des troupeaux. Dans cette âme obscure, faussée, irrepentie, subsiste l'amour vivace du bédouin pour la terre musulmane, pour la patrie des nomades… Enfin, les rochers prodigieux de Constantine se profilent à l'horizon.

Nous débarquons dans la gare. Si Mahmoud monte avec moi jusqu'à la première rue à gauche. Là, nous nous séparons et je prends les rues, devant moi, au hasard. Enfin, j'entre au café Zouaoui, honteuse de ma casquette de *roumi*... Après une assez longue station et un entretien avec le patron, vieux fumeur de kif, je pars avec le *hamel* Hantou à la recherche de Mohammed ben Chakar. Rues étroites et tortueuses, en pente, places inclinées, carrefours compliqués, coins d'ombre et de silence, porches immaculés et ciselés de mosquées anciennes, bazars couverts, tout cela me donne une ivresse bien connue, celle que je ressens toujours dans les vieux décors arabes. Impressions de Tunis ou d'Alger... de la première surtout...

Pérégrinations, interrogations sans fin... Enfin, nous découvrons le logement de Ben Chakar : tout en haut d'une ruelle en escalier, une impasse au-dessus de laquelle, à à peine 1 m 60 du sol, est le plancher en poutres, sorte d'antre obscur où il faut marcher courbé pendant quatre ou cinq mètres. Puis, intérieur maure, blanc bleuâtre, comme ceux de Bône.

Frère de Mohamed ben Chakar, fumeur de *chira* et de kif, tantôt portefaix, tantôt cafetier, tantôt marchand de beignets, très sympathique. Gentille aussi sa femme, délurée et hommasse.

Dès l'après-midi, départ, avec ben Chakar, pour les gorges du Rhummel, abîmes prodigieux où de frêles passerelles sont suspendues, souvent dans l'ombre, avec des escaliers souterrains, et des circuits sans fin.

Rencontré quelques artisans constantinois. Aux bains juifs, baignade fantastique de grands enfants. Revenus par la route qui surplombe l'abîme, sur la rive opposée à celle où est la ville.

Le soir, été au café de Sidi Ksouma, avec la sensation

très nette que *Zuizou était à Constantine...* Assise dans un coin, sous mes effets arabes qui me mettaient à mon aise, écouté chanter et frapper du tambourin jusqu'à une heure avancée. Fêtes de Beldia, faces pâles et distinguées, atones, les yeux mi-clos...

Nuit mauvaise, à cause de l'inquiétude et *des puces...*

Dimanche 16 juin. – Course inutile à la gare. Promenade à Babel-Oued avec le petit Salah. Rencontré le *bach-adel* de Biskra.

Le soir, en désespoir de cause, n'ayant toujours aucune nouvelle de Zuizou, été à la gare, avec Elhadj, à 6 h 35 – arrivée du train de Philippeville. Assis, découragés, sur une pierre, nous attendons. Enfin, Elhadj aperçoit Ouïha, en civil indigène. Été souper chez ben Chakar, habillé en Mauresque, puis, été à l'hôtel Métropole, dans la rue Basse-Damrémont, très loin.

Nuit de joie, de tendresse et de paix.

Dès le matin, le lundi 17, été à la gare, à la rencontre de Sidi Lachmi. Devant la gare, aperçu les hautes statures des témoins *souafa* : Hama Nine, Mohammed ben bou Bekr et Brahim b. Larbi.

Émotion violente à retrouver là *ces pays,* qui parlent avec l'accent de là-bas, et qui m'embrassent, les larmes aux yeux, surtout le bon vieux Hama Nine.

(Interrompu. Repris le même soir 6 h.)

Ce soir, grand calme, bien raisonnable. Espérance, disposition d'esprit aussi bonne qu'elle peut l'être loin d'Ouïha. L'état physique, lui aussi, est bon. Si cela pouvait durer ainsi tout le temps de notre séparation *s'il plaît à Allah* la dernière!

Et tout ce changement d'état d'âme, pourquoi ? Pour quelles raisons très mystérieuses ? Je l'ignore !...

Eté, avec le groupe des *Souafa*, sur le quai, recevoir le grand *cheikh* aimé, qui sourit en me voyant.

Courses sans fin, à la recherche d'un hôtel, avec Hama Nine. Partout, hostilité, refus. Enfin, arrangement provisoire à la Métropole. Sensation très douce de retrouver le *cheikh*, Béchir et tous les autres. Histoires à l'hôtel. Transfert de la *zaouia nomade* hôtel Ben Chimou, marché du chameau, près du théâtre.

Passé la nuit dans un garni juif, 6, rue Sidi-Lakhdar, au deuxième.

Le 18, mardi à 6 h 1/2, nous arrivons au conseil. Le *chaouch* m'apporte un café dans la salle des témoins où je suis seule, objet de la curiosité de tous ceux qui passent, de plus en plus nombreux, officiers, dames.

Je vois Abdallah, les mains enchaînées, entre les zouaves qui l'escortent.

Le capitaine Martin, commissaire du gouvernement, vient me serrer la main, avec sa sœur. Enfin, à 7 heures, l'huissier vient me chercher. La salle est comble. Je n'éprouve pas trop de timidité et vais m'asseoir à côté de Sidi Lachmi, sur deux chaises, devant le double-banc des témoins... Peu ordinaire, ce banc des témoins : têtes expressives et bronzées, vêtements blancs ou sombres, avec, en tache sanglante, le *burnous* rouge du traître Mohammed ben Abderrahmane, *cheikh* de Behima. Sidi Lachmi est en vert et blanc.

Le tribunal : groupe d'uniformes, poitrines chamarrées de décorations, attitudes raides et impénétrables. L'on présente les armes ; le président, timide, ouvre la séance, d'une voix faible et bégayante. Le greffier lit l'acte d'accusation et dénombre les témoins, moi en tête. Immédiatement, l'on nous fait sortir, un à un.

Dans la salle des témoins, le capitaine Gabrielli et le jeune lieutenant, son secrétaire, viennent me serrer la main. Assez long entretien. L'on vient me chercher.

Le président commence à appeler les témoins. L'huissier me place devant le président, debout. Formule du serment.

Il m'interroge, d'après des notes, toujours timide et bégayant. Ce n'est pas long... L'interprète appelle Abdallah et lui dit : « As-tu quelque chose à répondre à une telle ? – Non, dit Abdallah, très simplement et très ferme, malgré ce que l'on a dit. Je n'ai qu'une chose à lui dire, c'est que je la prie de me pardonner. » Je retourne m'asseoir. Sidi Lachmi apparaît. Déposition calme, simple. Puis, c'est le *cheikh,* puis ben Bou Bekr, puis Brahim b. Larbi, puis le père, larmoyant comme toujours...

Ensuite, après une suspension de cinq minutes, le réquisitoire du capitaine Martin, basé sur une thèse certainement erronée, mais chaud plaidoyer pour les Kadriya, les Ouled-Sidi Brahim et moi. Plaidoyer de l'avocat qui m'horripile... Réponse du capitaine Martin, re-réponse de l'avocat. Puis, le conseil se retire. Brouhaha dans la salle. Angellini vient me dire qu'il est à ma disposition. Le général de Labattue s'approche de moi. Entretien assez aimable, attisant la curiosité générale. Je vois Taste parler avec animation dans un groupe.

Le 8 juillet, 2 heures soir.

Je traverse une étrange période de calme physique et moral de réveil intellectuel, d'espérance *sans emballement* et le temps s'écoule assez vite, ce qui est le principal en ce moment.

Je remarque aussi, depuis le fameux procès de Constantine, un fort réveil en moi de l'esprit littéraire. L'aptitude d'écrire naît réellement en moi, à présent. Jadis, il me fallait attendre, des mois durant parfois, les dispositions d'esprit favorables pour écrire. À présent, je commence à écrire déjà presque toutes les fois que je le veux. Je crois en résumé que je suis arrivée à l'éclosion de cette incubation que je sentais bien en moi.

Au point de vue religieux, cela marche pour le mieux : ma foi est devenue sincère ; je n'ai plus besoin de faire le moindre effort, et, tous les soirs quand, avant de m'endormir, je plonge au fond de ma conscience un regard scrutateur, j'y trouve la paix très douce de la mystérieuse *certitude* qui, désormais, sera ma force.

Pour moi, la vie a acquis un sens depuis le jour où je sais que notre passage ici-bas est un acheminement de la perfectibilité humaine vers une autre vie : de là, forcément, découle la nécessité raisonnable du perfectionnement moral et intellectuel, – inepte, parce qu'inutile, sans cela.

En ce moment, deux choses m'intéressent et je compte m'y consacrer : d'abord, le perfectionnement littéraire et, par lui, intellectuel, qui sera très facile si je trouve un débouché pour des articles dans le genre de *Printemps au désert* et *El Maghreb,* expédiés ce soir à Angellini.

Lire certains livres, dans le genre de *Essais de psychologie contemporaine* de Bourget. Dès que je serai installée, m'abonner à une bibliothèque sérieuse, et relire le *Journal des Goncourt* qui eut sur moi une si bienfaisante influence l'an dernier et aussi d'autres ouvrages pouvant exercer une action analogue sur l'intellect...

Mais l'autre question qui m'agite, d'un tout autre ordre et que je n'oserais certes pas formuler, sauf à Slimène, *qui, seul la comprendra* et l'admettra, c'est la *question maraboutique,* celle qui germa en mon âme, spontanément, le soir du jour où l'on transféra Abdallah de la prison civile dans la cellule... Et, sans doute par intuition inconsciente provenant de notre grande intimité d'âme, Slimène s'en est douté!...

Il me semble qu'avec beaucoup de volonté, il me sera facile d'arriver à cette fin très mystérieuse qui m'enchanterait et qui ouvrirait devant moi des horizons que nul ne peut prévoir... *(ar.) Conduis-nous dans la voie droite,* et je crois que, pour moi, c'est bien là, le sentier droit.

Dieu a semé en mon âme quelques germes féconds : le désintéressement poussé à l'extrême vis-à-vis de toutes les choses de ce monde, la foi, l'amour vivace, pitoyable, infini, de tout ce qui souffre. Ce pardon du mal est un dévouement illimité pour la cause islamique, la plus belle de toutes, puisqu'elle est celle de la Vérité.

Ah, les longues heures de jadis dans les bois pleins d'ombre et de mystère et les nuits sans sommeil passées à contempler le monde prestigieux des étoiles..., tout cela ne devait-il pas être le chemin direct du mysticisme religieux!

Un choix autre que n'a été le mien, d'un compagnon de

toute ma vie eût certainement fait avorter cet acheminement nécessaire vers un avenir peut-être encore lointain. Mais Slimène me suivra où je voudrai et, de tous ceux que j'ai fréquentés, c'est le *seul* qui soit un *vrai* musulman, parce qu'il *aime* l'Islam, avec son cœur et non avec ses lèvres.

Et dire que, si un savant, un psychologue ou un écrivain lisait ces lignes, il ne manquerait pas de s'écrier : « Elle est à deux pas de la folie ! » Or, si jamais la flamme de mon intelligence a brûlé, c'est bien maintenant, et je sens bien aussi que ce n'est encore que *l'aube* de la *vie nouvelle*.

Inconsciemment, sans savoir ce qu'il disait, et dans un tout autre sens, M{c} de Laffont a dit une vérité dont il ne se doute nullement, dont personne ne peut se douter : il a dit que je devrais être reconnaissante envers Abdallah. Oui, je suis reconnaissante envers Abdallah, et, plus, je *l'aime sincèrement* : en vérité, cet homme est bien l'envoyé de Dieu qu'il a déclaré être.

Il est probable que d'autres, les vrais coupables, l'ont poussé à faire ce qu'il a fait, mais cela ne prouve rien et, lui, personnellement, mais *lui seul,* a bien dû être envoyé par Dieu et par Djilani car, depuis le jour fatidique de Behima, j'ai senti mon âme entrer dans une phase toute nouvelle de son existence terrestre. Abdallah, très mystérieusement, paiera sans doute de toute une vie de souffrances la rédemption d'une autre vie humaine. Mais je doute qu'il soit malheureux, car il est martyr et le martyr *volontaire,* comme l'a été Abdallah, est le plus heureux des hommes : il est un élu. Et qui sait si son martyre ne rachètera pas bien des milliers d'autres âmes et non pas seulement la mienne, ce qui serait un avortement !

Abdallah s'en va à l'autre face d'un globe, au plus loin des lointains terrestres. Mais l'œuvre d'Abdallah, et le germe qu'il a semé en moi y est resté et je crois fermement qu'il germe déjà et qu'il surgira un jour ou l'autre de l'ombre où je le cache à tous les yeux... Cela, c'est mon secret, celui qu'il ne faut pas confier, et que je ne confierai à personne, sauf à un seul, celui qui l'a deviné un jour et qui ne profane jamais d'un rire moqueur le sanctuaire de mon âme qu'à lui seul je puis ouvrir parfois jusqu'en ces tréfonds ; qu'aucun autre ne doit connaître : car, lui, aussi, il est *prédestiné.*

Que tous ceux qui, aveugles, se croient des voyants, haussent les épaules ou sourient avec une condescendance qu'ils feraient mieux de reporter sur eux-mêmes en face de notre union. Elle procède d'autres causes, d'autres sentiments et d'autres buts que leurs unions à eux, vilement lucratives, ambitieuses, bestiales ou puérilement sentimentales... Et elle leur est *inexplicable.*

Le 11 juillet 1901, jeudi, 9 heures soir.

Il me semble fastidieux, *pour le moment,* de continuer le récit de la séance du conseil de guerre. Pour le moment, d'autres pensées, d'autres souvenirs me hantent.

Hier soir, comme avant-hier déjà, ennui, malaise. Ce matin, angoisse et fort malaise physique en ne voyant pas arriver la lettre d'Ouïha.

Descendu au cours du Chapitre vers 9 h 1/2 porter une lettre pour Zuizou. Ennui, faiblesse. Après-midi, je me suis mise au travail russe sans conviction. Enfin, vers

3 heures, reçu une bonne lettre. L'affaire de la permutation est réglée et *certaine,* et le retour de Zuizou n'est plus qu'une question de jours, jours qui passeront bien vite, à présent que je suis *sûre* qu'il viendra.

Il me semble qu'il pourra être ici le 23 au matin... Ce sera bien là l'aurore de la vie nouvelle. Nous aurons encore certes des journées noires, des heures de détresse, car sans cela, la vie ne serait plus la vie. Tant mieux, d'ailleurs, car la souffrance est salutaire parfois... Mais il me semble que l'ère des séparations va enfin être close.

Mon Dieu, avec quel soupir de soulagement nous sortirons de cette mairie qui nous aura enfin liés l'un à l'autre et qui aura *obligé* les hommes à reconnaître notre union..., car Dieu l'a reconnue et bénie depuis longtemps, puisqu'il nous a donné l'amour. Enfin, les hommes n'auront plus le droit matériel de nous séparer.

Il y aura, dans peu de jours, une année depuis le commencement de la grande féerie que fut mon séjour au Sahara.

Eh bien ! de ce séjour, je ne maudis rien, aucun épisode, si ce n'est l'exil, et encore, pourquoi, en somme, le maudire ? Je ne maudis pas même Behima, la tragique et splendide Behima qui m'a ouvert tant d'horizons nouveaux, qui a été comme un jalon posé sur le bord du sentier aventureux de ma vie.

Combien d'années j'ai passées en vain, en récriminations stériles et ineptes contre cette sublime et douloureuse vie, acheminement auguste vers nos destinées futures. Elle me semblait hideuse, en ces années d'aveuglement, et maintenant, *depuis Behima,* elle m'apparaît belle...

Qui sait ? Peut-être que, d'avoir vu la mort de si près,

d'avoir été à son seuil mystérieux, j'ai entrevu enfin la vérité, j'ai compris qu'elle a un *sens,* une logique et un but, cette pauvre vie que si peu d'entre les hommes savent apprécier et aimer!... Car – et cela paraîtra paradoxal, mais c'est vrai – bien peu d'hommes *aiment* la vie, non point bestialement, inconsciemment, mais pour sa *réelle* et splendide beauté.

Ineptes pseudo-philosophes aux hypocondres maladies, au foie morbide, qui hurlent des injures – qui sont des blasphèmes – à la bienfaisante Demetra-Mater!

Les souvenirs de l'année dernière, à pareille époque, viennent me hanter... Genève, les angoisses et les joies de ma chère vie russe de là-bas, dont je ne vivrai sans doute jamais plus les jours, et l'embarquement pour la terre aimée et fatidique, pour la terre barbaresque d'où je suis exilée pour le moment, mais où je pourrai rentrer bientôt tête haute *s'il plaît à Allah!* et Alger, Alger-la-Blanche où je vivais d'une vie *double,* extraordinaire et bien grisante, parmi des gens qui m'estimaient, m'admiraient même, tout en ignorant tout de moi, même mon sexe! Courses bizarres et enivrantes avec Mokhtar, fumeries de kif... Promenades avec les Oulid-Aïssa aimables et intelligents, surtout le fin Si Mustepha, et la villa enchantée de la Bouzaréah, et la boutique de Slimène ben Elman Turki au plateau Saulières, la nuit, et la promenade le long des quais, en chantant les cantilènes tristes d'Alger... et la blanche *zaouia,* petite cité de rêve, de Sidi Abder-Rahmane ben Koubrine, vers laquelle montaient les senteurs du jardin Marengo et que dorait le soleil couchant.. et l'heure extatique de la prière de l'*icha,* dans la mosquée Hanéfite, *djemaâ* Djedida... Puis, Saint-Arnaud encore.

Et Biskra, et l'*oued* Rirh'r inoubliable avec ses sortilèges et ses splendeurs à part… Et Touggourt endormie dans son désert salé, se reflétant dans les eaux mornes de son *chott*… et la route familière plus tard, jalonnée de *guemira* grises et mélancoliques… Puis, à la fin de ce long voyage, la silhouette resplendissante de la Cité unique, de la ville d'élection, d'El Oued la fatidique !

Comme arrière-plan à tous ces tableaux, sous un ciel brumeux et noir d'hiver, un chaos livide de dunes fumantes. Un vent soufflant en tempête et gémissant dans les défilés et les vallées mortes. Une petite troupe s'avançant doucement, au son endormant des *bendir* de la confrérie de Sidi Abd-el-Kader. Puis, une station longue sur une haute dune, la dernière, et d'où l'on découvrait une vaste plaine grise et désolée, semée de tombeaux abandonnés.

Et tout là-bas, à l'horizon du nord, une silhouette de ville grise aux petites coupoles basses, entourée elle aussi de tombeaux… et, sur les lueurs sulfureuses du couchant, se détachant en noir, la silhouette solitaire et funèbre d'un palmier unique, sentinelle géante et échevelée postée, seule, dans les vents et dans la nuit, à la porte de Behima.

« L'homme n'échappe point à l'heure de sa destinée. »

Même soir, 10 h 3/4.

Voilà que la hantise des lointains charmeurs me reprend… Partir, partir au loin, errer longtemps !… La hantise de l'Afrique, la hantise du Désert… Mon âme de nomade se réveille et une angoisse m'envahit à songer que je suis peut-être immobilisée pour longtemps ici...

*« Cours! Marche! Le nuage ne s'arrête
Que pour crever,
Et le Romané ne se fixe
Que pour pleurer! »*

Le lundi 15 juillet 1901, 11 heures matin.

Hier soir, sensation toute particulière, sans cause appréciable : souvenir de l'arrivée à Sousse, il y a deux ans... et désir de faire un voyage, seule, dans un endroit d'Afrique encore tout à fait inconnu, où personne ne me connaisse, comme je suis arrivée à Alger l'année passée... Mais avec des moyens suffisants pour effectuer ce voyage dans de bonnes conditions.

En général, désir *d'isolement moral,* pas pour longtemps, cependant, car Slimène me manque pourtant toujours. Je voudrais disposer d'un mois avant son retour, de l'argent nécessaire pour faire un voyage solitaire, sans hâte. Je serais sûre de rapporter des impressions très précieuses et très profondes.

Pourtant, je traverse une période moralement claire et réfléchie, une période de travail surtout. L'espérance d'une vie meilleure à brève échéance est naturellement pour beaucoup dans cet état d'âme.

Il y aura tantôt six mois depuis le jour fatidique de Behima. Ce jour-là, inconsciemment, je suis entrée dans l'une de ces périodes d'incubation qui ont jalonné toute ma vie, jusqu'ici, car, incontestablement, mon développement intellectuel s'est fait et se continue par *saccades* pour ainsi dire : époques d'inquiétude, de mécontentement, d'incertitude, puis, éclosion d'une forme supérieure de mon moi. Évolution à étudier, peut-être à décrire dans une nouvelle ou un roman.

Les six ou sept mois que nous aurons à passer ici et pendant lesquels il faudra prendre une résolution définitive pour notre avenir, il faudra aussi les consacrer au travail littéraire sous toutes ses formes.

Depuis mon départ pour Bône en 1897 – c'est déjà si loin hélas ! – je ne m'étais plus occupée de cet art pour lequel j'ai cependant toujours gardé un amour invincible – le dessin, la peinture. Maintenant, je m'y remets et tâcherai, pendant mon séjour ici, de prendre quelques leçons utiles, quelques notions du portrait et du genre surtout.

Notre vie, la *vraie* vie ne recommencera qu'après le 20 février 1902... Quelle sera-t-elle ? Il est bien difficile de le prévoir, mais il faudra, dès le retour de Slimène, résoudre ce problème. Si, d'ici là, l'affaire de Moscou était liquidée sous forme de rentes, le mieux serait d'aller fonder un refuge paisible dans le Sahel tunisien – du côté de Moknine, par exemple, et d'en faire la demeure de rêve qu'il me faudrait pour vivre. Sinon, la seule chose abordable serait, pour quelques années, la carrière d'interprète quelque part dans le Sud, peu importe – quelques années de Désert, ce qui serait bien beau aussi.

C'est bien maintenant que se pose le grand problème de toute ma vie... Tout ce qui s'est passé jusqu'ici n'était que transitoire... *(ar.) Et Allah sait l'inconnu des cieux et de la terre.*

Le mardi 23 juillet.

Ce soir, grande tristesse, profonde, mais résignée et sans amertume, sans ennui ni dégoût.

Ici, nous en sommes arrivés à une misère complète, d'autant plus menaçante que je n'y puis rien, car je pourrais me débrouiller peut-être, entourée de gens comme moi, avec de toutes petites sommes suffisant à de tout petits besoins. Mais ce n'est pas le cas, et ils ont une façade à ménager. Cependant, pour nous deux, Slimène et moi, la fin des souffrances et des angoisses sonnera bientôt. Mais il faudra encore porter secours ici, et cela ne sera pas facile. Seule, avec ce que Slimène gagnera et ma manière de faire marcher le ménage, nous aurions pu vivre tout doucement; tout calmement, sans manquer du peu dont nous avons besoin... Mais comment faudra-t-il faire ?

Il n'y aura guère moyen de s'arranger, s'ils ne consentent pas à venir manger chez nous : je n'aurai jamais assez d'argent pour leur donner de quoi faire un train de vie à part. Il faudra, dès l'arrivée de Zuizou, que nous nous concertions tous deux à ce sujet, à moins que la démarche que je vais être forcée de tenter auprès de Reppmann ne réussisse : je leur abandonnerai tout ce que Reppmann m'enverra et ils auront au moins de quoi se débrouiller pendant un mois, un mois et demi, si Reppmann consent à me prêter 100 roubles ; soit près de 250 francs. Cela nous sauverait tous, car cela nous donnerait, à nous autres, la possibilité d'installer notre petit ménage, d'acheter les quelques effets dont j'ai besoin. Une fois habillée en femme, je trouverais certainement quelque petit travail à faire en attendant mieux.

Pour cela, pendant les quelques jours de solitude qui me restent encore, je dois pousser autant que possible le travail littéraire, faire encore quelques articles et les copier, de façon à avoir, si je reçois des réponses satisfaisantes d'un côté ou d'un autre, quoi présenter et que je ne sois pas forcée d'écrire pendant les premiers temps de notre vie commune ici, ni non plus d'abandonner les occasions qui pourraient se présenter, surtout vers la rentrée des journaux et revues.

Par un vent furieux, je suis allée porter une lettre pour Slimène qui lui parviendra *peut-être.* L'espoir est bien faible. Je suis allée à pied à Arenc et de là, retour à la maison, en passant au bar d'Afrique.

Je verrai demain s'il n'y aura pas moyen de gagner, parci par-là, quelques sous en écrivant des lettres en arabe. Cependant, je sens que je ne perdrai point courage, personnellement. Si je crains, c'est pour Augustin. Pourvu qu'il ne conçoive pas le projet de Volodia à bout de ressources ! Tant que je suis dans la maison, un suicide collectif est impossible. Mais après ?

Enfin, *s'il plaît à Allah,* que l'ère des sombres drames soit close.

Pensée à méditer, retrouvée dans le *Cahier 1* :

« Fais aujourd'hui autant de bien que tu pourras,
Car, peut-être, demain, tu mourras. »
[Inscription du calvaire de Trégastel, pays de Trégor, Bretagne.]

Ce qui était une répétition des paroles d'Épictète : « Agis comme si tu devais mourir tout de suite après. »

Pensée profonde et consolante, *sursum corda* superbe.

Il faut, malgré tous les périls, toutes les désillusions, toutes les douleurs, rester ferme comme la falaise contre laquelle se brisent les vagues furieuses de l'Océan. Il faut, coûte que coûte, faire le bien et conserver le culte de la beauté, la seule chose qui rende la vie digne d'être vécue. Il vaut mieux être *grand qu'heureux.*

Avec ma conception ancienne des choses de la vie, ma situation présente eût été épouvantable, *intolérable.* Je *croyais* posséder la sagesse. Et ce n'est que maintenant que je commence à asseoir ma vie morale – dont dépend l'autre tout entière – sur le roc inébranlable de la Foi.

Pour ne pas faiblir, il faut se dire et se redire que la vie ici-bas n'est qu'un stage, une épreuve – non pas pour gagner après la mort une félicité immédiate et éternelle, mais bien pour des aboutissements dont nul ne peut prévoir la splendeur et la fin.

Il n'est pas de douleur éternelle. Les circonstances d'ici-bas finissent ici-bas. Plus loin, il y a le grand Inconnu, mais il y a certainement un *ailleurs,* un *autre chose. Sapienti sat!* Voilà la force, l'invincible force qui, basée sur l'Eternité, ne peut être vaincue par l'éphémère vie terrestre.

Bien peu résisteraient à ma place.

Je suis dans la misère noire, à la veille peut-être de la faim. Eh bien! Jamais, jamais un seul instant, en toute conscience, l'idée ne m'est venue d'admettre la possibilité de sortir de cette misère menaçante par la voix ordinaire de tant de centaines de mille femmes. il n'y a même *aucune tentation* contre laquelle je doive lutter pour cela. C'est *impossible,* voilà tout. Et il me semble dès lors que, parfois – car les âmes fortes sont rares –, l'excuse de la misère est invoquée en vain, par celles du moins qui ont une culture intellectuelle et morale, qui ne sont pas de la *chair à vivre,* tout simplement. Je ne jette la pierre à personne, et je conserverai toujours ma large indulgence pour toutes les faiblesses humaines, car, toutes, elles sont le résultat de facteurs si terriblement compliqués et touffus qu'il est donné à bien peu de pouvoir les pénétrer et savoir les éluder.

Mais le salut de l'homme, c'est la Foi.

Non pas la foi morne en des formules, mais la foi vivante qui rend les âmes fortes, non pas la foi qui brise la volonté et l'énergie, mais celle qui les exalte et les magnifie.

Il ne suffit pas de dire et même d'être convaincu que *Dieu est Dieu et Mohammed son prophète.* Cela ne suffit nullement pour être un musulman. Il faut que celui qui se dit musulman se donne, corps et âme, et à jamais, jusqu'au martyre, au besoin, à l'islam, que ce dernier pénètre l'âme du croyant, anime chacun de ses actes, chacune de ses paroles. Sans cela, toutes les pratiques mystiques ne servent à rien.

Dieu est Beauté. En ce mot se résume tout : le Bien, la Vérité, la Sincérité, la Pitié… Tous ces mots ne sont faits que pour désigner, selon ses manifestations diverses, la Beauté qui est Dieu lui-même. Avec cette foi-là, animé de cet esprit, l'homme devient fort… Il acquiert une force qui, aux yeux du vulgaire, est surnaturelle. Pour employer le mot vulgaire, il devient *marabout.* « Quoi que tu fasses, d'où que tu sortes, où que tu entres, dis : *"Bismillahi Rahmani Rahimi"* », a dit le savant et inspiré *cheikh* Ecchafi'r, prophète de Dieu. Mais ce qu'il enseignait, ce n'était pas, en commençant une action, de *dire* :

« Au nom de Dieu ! » Il enseignait de ne *rien faire,* si ce n'est au nom de Dieu, c'est-à-dire de toujours faire uniquement ce qui est *beau,* donc bien et vrai. Inutile, en effet, de dire « *Bismillah* » en commençant une action laide, donc contraire à Dieu ! En toute chose, il faut s'attacher à trouver d'abord ce qui est divin : l'Immanence Divine et éternelle. Le côté de *toute chose* est seul digne d'être considéré. La forme n'est rien, si on s'y attache. Ce n'est alors qu'un instrument de ruine et de malheur.

Pendant des années, j'ai pensé, pour aboutir enfin, après Behima, à la compréhension de ces choses-là, que les profanes traiteront sûrement de mysticisme, en leur passion insensée pour les phrases vides de sens, pour les classifications toutes faites qui leur permettent de parler sans penser. Et si, comme je l'espère et *crois le prévoir,* il est écrit que je parcourrai tout le cycle de cette évolution bénie, ce sera par la voie de la Douleur à laquelle, dès maintenant, je chante un hymne de reconnaissance. Mais, en tout cela, il est un fait acquis : mon âme est enfin sortie des limbes mortels où elle a erré longtemps et où elle a risqué de sombrer bien des fois.

Le jeudi 25 juillet, vers 11 heures du soir.

De plus en plus, le séjour ici, surtout sans Rouh', me devient pénible. Ni Augustin, ni Hélène ne sont et ne seront plus jamais, maintenant, capables de m'aimer, car *ils ne me comprendront* jamais. Augustin est devenu sourd et aveugle à tout ce qui m'enchante, il ne comprend rien aux choses superbes que j'ai enfin comprises.

Je suis *seule,* ici, plus que partout ailleurs. Mais, enfin, la fin du mois est là, et Zuizou ne peut plus tarder à venir mettre fin à ma torture.

Aujourd'hui, reçu les deux numéros du 19 et du 20 juillet des *Nouvelles,* Alger, contenant *El-Maghreb* et *Printemps au désert.* Ce succès est consolant et m'ouvre déjà un sentier. Ainsi, il faut persévérer et avoir de la patience jusqu'au bout. Mais surtout me renfermer farouchement en moi-même, ne plus parler ni de mes affaires, ni de mes idées à ces gens qui ne les *comprennent* pas, et qui ne *veulent* pas les comprendre.

Décidément, malgré toutes les apparences de ces deux dernières années, il était donc écrit que, *moi seule,* je *serai sauvée* moralement, de tous ceux qui vécurent de la vie anormale de *la Villa Neuve* dont Augustin se plaignait tant jadis et dont il semble s'attacher à copier les moindres détails, à présent. Il faut, à tout prix, adopter le système du silence, et de l'impénétrabilité, pour finir ce lamentable, cet horrible séjour ici.

Comment cela finira-t-il sous leur toit ? Sur quoi comptent-ils ? À quoi pensent-ils ? Je ne sais, et cela m'épouvante, car, malgré tout, mon cœur, pour eux, reste le même.

Par la force même des choses, étant donné le caractère de Slimène aussi bien que le mien, leur ménage va nous retomber sur les bras dès notre installation ici, et lourdement… À cause de cela, si Reppmann ne me sauve pas, il y aura encore bien des privations et des souffrances à endurer. Mais, en ceci comme en tout et toujours, fais ce que dois et arrive que pourra.

Je ne demande à Dieu que bien peu : le retour de

Slimène et notre mariage et la fin, ici, de cet état de choses : qu'ils s'arrangent, et que leur vie à eux ne soit pas un épouvantail nouveau pour moi ! Puissent-ils obtenir de quoi vivre, *à leur manière,* pourvu que leur sort ne soit plus un sujet de chagrin continuel et affreux pour moi, dans l'impuissance surtout où je suis d'aider des gens diamétralement opposés en tout à moi.

Le vendredi 26, 10 heures soir.

Pour terminer ce registre de la dernière demi-année de ma vie, commencé dans tout l'incertain mélancolique de l'hôpital, je n'ai guère que des choses grises et tristes, quoique l'évolution morale que j'ai accomplie me reste acquise. C'est évidemment le milieu où je vis et qu'accablent les préoccupations d'une situation matérielle inextricable qui produit sur moi la dépression morale dont je souffre depuis trois ou quatre jours. Au fond, mon âme est calme.

Personnellement, il n'est que ce retard indéfini du retour de Slimène qui me pèse et la patience me coûte maintenant de grands efforts sur moi-même. J'aurais besoin plus que jamais peut-être, moralement, de sa chère présence. Mon cœur déborde et m'entraîne irrésistiblement vers lui, comme vers le dernier refuge qui me reste sur cette terre. Mais les jours sont comptés, et ce n'est pas à présent qu'il faut perdre courage et patience, d'autant plus que j'ai encore beaucoup de travail à faire tant en français que de nouveau en russe, d'après la lettre de Mme Paschkoff. Ah ! si cet effort était couronné du même succès qui est venu me réjouir hier! Enfin du plus profond de mon âme qui commence à *savoir se dominer.*

[Slimène Ehnni ayant permuté est incorporé aux Dragons en garnison à Marseille où il épouse officiellement Isabelle Eberhardt.]

29 octobre 1901. Samedi 4 heures soir.

De toutes les angoisses d'il y a trois mois, la plupart se sont enfin écartées de notre horizon.

Depuis le 17 courant nous sommes *officiellement,* donc indissolublement, unis. Aussi, l'interdiction de séjourner en Algérie n'existe plus et, d'ailleurs, l'exil touche probablement à sa fin : d'ici un mois nous partirons pour la terre bien-aimée d'outre-mer. Dieu et Djilani ne nous ont point abandonnés. Puissent-Ils achever leur œuvre de salut et de rédemption!

Marseille.

[La note suivante a été ajoutée par Isabelle sept mois avant sa mort.]

Alger, le 8 avril 1904, 9 heures soir.

Je n'ai pas noté ces pensées de janvier 1902… Qu'importe ? Trois ans après, dans un autre lieu d'exil, au milieu d'une misère aussi profonde, d'une solitude aussi absolue, je note le changement profond que le temps destructeur a accompli en moi depuis lors…

D'autres pérégrinations, d'autres rêves et d'autres griseries de soleil dans le silence et la magie d'autres déserts, plus âpres et plus lointains, ont passé sur ces choses d'alors. À l'horizon, dans quelques jours peut-être *s'il plaît* à *Allah,* je vais de nouveau m'en aller et ce sera vers le morne *maghreb* de mystère et de mort que j'irai... À pareille date, dans un an, existerai-je encore, et où serai-je ?

Même soir.

Ce soir en relisant ces livres passés, pleins de choses mortes, eu une hantise intense et une profonde mélancolie à y retrouver les noms déjà presque oubliés du Souf, Bordj-Ferdjeun, Ourmès aux jardins enchantés, El Oued, Behima. Où sont-ils donc aujourd'hui ?

Dans deux ans, dans cinq ans, les noms à présent familiers d'Ain Sefra, de Figuig, de Beni-Ounif et du Djebel Amour auront pour mon oreille les mêmes sonorités nostalgiques.

Bien d'autres coins de la terre africaine me charment encore... Puis, mon être solitaire et douloureux lui-même s'effacera de la terre où il aura passé au milieu des hommes et des choses toujours en spectateur, en *étranger.*

Quatrième Journalier

*Notes et impressions
Commencé à Marseille le 27 juillet 1901.
Fini à Bou-Saada le 31 janvier 1903.*

*En souvenir de l'*Esprit blanc.

(ar.) Au nom du Dieu puissant et miséricordieux !

Marseille, 27 juillet 1901.

Après quelques jours d'ennui, de morne tristesse, d'angoisse même, je me suis de nouveau levée ce matin avec de l'énergie, de la patience, du goût pour le travail et de l'espoir.

Si le supplice d'attendre Slimène prenait fin, si, au moins, je savais *au juste* la date à laquelle il arrivera, je serais tranquille et je traverserais, moralement, l'une des meilleures époques de ma vie. Au commencement de l'automne, la misère prendra probablement fin, et avec elle, tant d'ennuis, tant d'impuissance surtout. Ah! toucher enfin l'argent de cette malheureuse *Villa Neuve* et aller revoir la terre d'Afrique, qui sait, peut-être même le Souf inoubliable! Pouvoir de nouveau lire, écrire, dessiner, peindre peut-être, vivre enfin de la vie intellectuelle et poser le fondement de ma carrière littéraire! Peut-être, au lieu d'aller en Algérie, faudrait-il aller à Paris, raisonnablement, avec une certaine quantité d'articles à placer?

Enfin, il semblerait *s'il plaît à Allah,* que cet automne doit enfin marquer la fin de cette longue période de souffrances, d'inquiétudes, d'angoisse et de misère. *J'ai mis ma confiance en Allah et en Djilani.*

Le 1er août 1901, 11 heures matin.

Hier, j'ai reçu une lettre de Slimène qui a de nouveau tout bouleversé. Il est à l'hôpital depuis le 28. Après cela, impossible de ne plus croire aux avertissements très mystérieux qui m'annoncent, depuis des années, toutes les phases de ma *via dolorosa!*

Je tremble de tous mes membres. Et pourtant il faut écrire, il faut recopier *Amira* et l'envoyer à Brieux.

Le même jour, minuit 1/2.

Slimène, Slimène! Peut-être *sûrement jamais* je ne l'ai aimé aussi *saintement* et aussi profondément aimé que maintenant. Et, si Dieu veut me le reprendre, que Sa volonté soit faite. Mais après, je ne veux plus rien tenter – rien qu'une chose, de toutes mes forces : aller où on se bat, dans le Sud-Ouest, et chercher la mort, à tout prix *attestant qu'il n'y a pas d'autre Dieu que Dieu et que Mohammed est son prophète.* C'est la seule fin digne de moi et digne de celui que j'ai aimé. Toute tentative de recréer une autre vie serait non seulement inutile, mais criminelle, ce serait une *injure.*

Peut-être ira-t-il bientôt auprès de celle qu'il regrette de ne point avoir connue, lui dire tout ce que nos deux cœurs *unis pour toujours* ont souffert ici-bas.

« Âme blanche » qui es là-haut et toi, Vava, vous voyez sans doute mes larmes dans le silence de cette nuit et vous lisez au fond de mon âme. Vous voyez qu'auprès de lui, j'ai purifié ma pauvre âme dans la souffrance et les persécutions, que je n'ai pas faibli, et, qu'enfin, mon cœur est pur ! Vous voyez : jugez et appelez sur nous deux que vous avez laissés seuls en ce monde de douleur, la miséricorde de Dieu, de ce Dieu qui a fait dormir Âme blanche parmi les croyants. Appelez aussi le châtiment de Dieu sur ceux qui nous accablent injustement.

Pourquoi ne suis-je pas partie, comme je le voulais, avec Sidi Mohammed Taïeb, pourquoi ne suis-je pas allée mourir à ses côtés à Timmimoun ? Pourquoi la destinée a-t-elle pris ce pauvre enfant et, l'unissant à ma perte inévitable, l'a-t-elle tiré de sa tranquille existence de jadis pour tant de souffrances et, peut-être, une fin prématurée et cruelle ? Pourquoi ne m'en irais-je pas seule ? Mais regrette-t-il de m'avoir aimée ? Regrette-t-il, lui, d'avoir tant souffert pour moi ?

Qui devinera jamais l'amertume infinie de ces heures

que je traverse, de ces nuits de solitude ? Si du secours me vient, tout sera sauvé. Même malade, soigné par moi, auprès de moi, il se rétablira certainement… Mais sans cela, dans le dénuement et la misère, sa faible santé faiblira et le mal héréditaire le guette…

Le 2 août, 4 heures soir.

Commencé la journée avec un peu de courage et d'espoir grâce à l'entrevue d'Augustin avec (un ami).

Lundi 5.

Visite au colonel de Rancongne. État d'esprit : un peu inquiet et triste. Nuit : mauvaise. Chagrin *général* au sujet de toute ma vie. Confiance en Djilani pour l'avenir.

Mardi 6, 11 heures matin.

Disposition *plutôt grise*. Grande lassitude de la vie présente. Pas d'intérêt profond pour quoi que ce soit. Fatigue des impressions ennuyeuses et mornes, quoique violentes, des derniers jours. Détente. *Énergie cérébrale* seule pour terminer ce que je dois encore tenter, mais pas d'entrain.

Reçu une lettre de Brieux : je constate qu'au point de vue littéraire, j'ai un travail écrasant à faire. Résolution, *parce qu'il le faut, de le faire.*

Chose étrange : pendant que j'écrivais ces lignes, légère

amélioration de mon état d'esprit attribuable à cette idée que je crois pouvoir faire la nouvelle pour *l'Illustration.*

Après la quotidienne lecture de Dostoïewsky, j'éprouve soudain de la tendresse pour cette petite chambre toute semblable à une cellule de prison qui, certainement, ne ressemble pas au restant de la maison. Chaque chambre où l'on a habité longtemps s'imprègne pour ainsi dire d'un peu de l'âme de celui qui y a vécu et pensé.

Le lundi 12 août 1901.

« Tout ce qui naît, naît dans l'attente et la souffrance. »
Journées tristes, inquiètes, indéfinissables, où seuls, le travail et la lecture me sauvent. De quoi ? Je ne sais. Mon âme, après le repos des quinze premiers jours de juillet, est de nouveau entrée dans une douloureuse période d'incubation.

Ma vie présente, en tant que *conditions ambiantes,* que *circonstances,* est affreuse, haïssable. Le calme et l'isolement de la prison seraient bien plus supportables et plus utiles. Mais, au moral naturellement, c'est de nouveau une épreuve utile, mais combien douloureuse hélas !

De cette attente de Slimène, de cette *incertitude* à son sujet, je suis positivement *malade.* Tous mes nerfs, toutes mes facultés sont tendus de ce côté à se rompre et, sans le dérivatif double par la forme, du travail et de la lecture, cela finirait peut-être mal – Dieu sait comment ! Ma vigoureuse nature semble ne plus si bien résister, et les accès de faiblesse, de palpitations, d'angoisse qui m'arrivent de plus en plus souvent sont des signes d'affaiblissement redoutable. Combien de temps cela durerait-il ainsi ? Je ne sais plus, mais il me semble que j'en arrive à la fin de mes forces.

Jeudi 15 août 1901, 8 h 1/2 soir.

Depuis quelques jours, la nostalgie du désert m'envahit de nouveau, intense jusqu'à la douleur ! Aller seulement jusqu'à la dernière *seguia* du Vieux Biskra, où nous nous sommes arrêtés, Slimène et moi, le soir du retour – le 2 mars dernier... *il y a déjà six longs mois !*... Aller là-bas, à l'aube, ou bien alors, au coucher du soleil, et jeter un regard d'amoureux et d'exilé sur le grand Sahara... un seul regard !

Ah, être libres, maintenant, tous deux, et fortunés et nous en aller là-bas, dans *notre pays !* Le reverrai-je jamais, mon grand désert splendide ?

Mais, quelque chose au fond de mon cœur, comme un obscur pressentiment, me dit que oui, que je retournerai là-bas... et même un jour qui n'est pas lointain, et *Dieu suit !*

Je donnerais Dieu sait quoi, en ces heures présentes, pour quitter cette terre maudite, terre d'exil et de souffrance, et pour retourner là-bas, sur le sol d'Afrique.

Je regarde, sur le mur, les dessins de là-bas et l'horizon obscur où se dressent les *guemira* lointaines me fait rêver. Aller au loin, recommencer une vie nouvelle au grand air, libre et superbe ! J'étouffe ici, entre quatre murs, dans une ville qui ne me donna jamais que le plus sombre malaise !

M'en aller, vagabond et libre, comme je l'étais avant,

même au prix de n'importe quelles souffrances nouvelles ! Courir en toute hâte, par ce quai de la Joliette – seule partie de cette ville que j'aime, *parce qu'elle est la porte de l'Afrique –,* m'embarquer, humble et inconnue et fuir, fuir enfin *pour toujours.* Voilà ce à quoi je songe, voilà les pensées qui me hantent et qui me tourmentent !

Revoir les *bordj* solitaires et la route de l'*oued* Rırh'r-salé, puis, le blanc Souf, et les *guemira,* les grises *guemira* qui sont les phares ensorcelants de l'océan aimé.

Cours ! Marche !... Le nuage ne s'arrête
Que pour crever,
Et le Romané ne se fixe
Que pour pleurer !

Certes, je ne suis venue ici que pour pleurer, pour regretter, pour me débattre dans l'obscurité et ses angoisses, pour souffrir, pour être prisonnière ! À quand le départ radieux ? À quand le retour là-bas où je puis vivre, sur le sol unique de la terre où je ne suis point une exilée, une étrangère ?

Vendredi 16 août, 11 heures matin.

Oh oui, m'en aller *pour toujours,* tout quitter, tout abandonner, à présent que je sais à ne plus jamais pouvoir m'y tromper qu'ici, je suis plus étrangère que n'importe où, que de tout ce qui m'est cher, de tout ce qui m'est sacré, de tout ce qui est grand et beau, il est impossible de rien faire admettre dans cette maison d'aveugles et de *bourgeois…* bourgeois jusqu'au bout des ongles, encrassés dans les préoccupations grossières de leur vie animale et rapace.

Seulement, *ils ont raison* de pousser tout cela au dernier degré du dégoût, car, ainsi je me détache entièrement *de cœur*. Au fond, je ne *souffre* plus de ces scènes grossières et méchantes d'ici. Cela m'est égal, et tout cela n'a d'autre résultat que de me faire me rapprocher plus passionnément de mon cher Idéal, qui me fait vivre, qui est mon salut, et aussi de cette *belle âme de Slimène* qui, je le vois par ses lettres, est entrée dans la voie de la pensée, voie qui le mènera au même sentier radieux où je chemine malgré tout. Quant aux autres – *ils ne voient pas, et, sourds, muets et aveugles, ils ne reviendront pas sur leurs pas,* comme dit le *Livre de Dieu…* Toute ma souffrance présente provient de cette attente angoissée de Slimène.

Mais aussi, il ne faudra plus tout sacrifier pour *ici* et songer enfin à *mon* foyer.

Reppmann et Brieux ne se doutent guère, le premier surtout, que je n'ai rien retiré de son bienfait et que j'ai supplié pour d'autres qui ne m'en gardent aucune reconnaissance! *Mon bien-aimé a raison; je suis sotte; nous faisons le bien à des gens pareils à ceux-là!*

Seulement, dans leur conscience – l'un exprime tout haut ce que l'autre pense – ils ne se doutent pas *combien ils nuisent* à leurs intérêts matériels qui leur sont si chers… plus chers que tout au monde, car *d'autres intérêts,* ceux qui nous font vivre nous autres, ils n'en ont pas. Certes, je ne me dépouillerai plus pour eux. Puisqu'ils parlent toujours que nous aurons à nous « arranger à nos risques et périls », qu'ils le fassent aussi. Ce sera le meilleur châtiment et le plus *salutaire*.

Dans ce que je dis là, il n'y a ni vengeance, ni haine, ni méchanceté – ce n'est *que justice*. Ils ne veulent rien faire pour nous, nous sommes pauvres et abandonnés, nous n'avons rien à faire pour eux.

C'est une spéculation bête sur ma bonté, basée sur l'ignorance de mon caractère réel, car, avec moi, il y a une certaine ligne qu'il ne faut pas franchir.

Et cette ligne-là, elle est franchie.

Pourquoi suis-je obligée à m'occuper de choses aussi basses et aussi répugnantes et de prendre de pareilles mesures ?

Enfin, encore quelques jours de patience, de courage, et tout cela sera fini *pour toujours*.

Le 17, samedi.

Certes la *raison* de tout ce changement, je ne la comprends que trop bien... Mais ce n'est pas cet ordre d'idées-là qui me hante aujourd'hui. D'abord, il y a naturellement la continuelle inquiétude au sujet de ce congé, de cette permutation. Puis, il y a autre chose. Lui aussi, là-bas, il a l'air d'y penser, d'après son avant-dernière lettre, à cette chose troublante et enivrante qu'est l'amour des sens. Ce sont les rêves les plus délicieux et les moins chastes qui me visitent maintenant. Certes, à personne, je ne serais capable de confier un pareil secret... sauf au confident brutal et sensitif qu'était le Dr Taste. Peut-être est-il très regrettable au point de vue intellectuel que ce ne soit pas avec Mauviez, intelligence encore bien plus maladive et curieuse, que je me sois trouvée en contact pendant l'inoubliable séjour à l'hôpital. Il me semble qu'il était plus raffiné, plus subtil… « Docteur subtil » encore inoublié ! Cependant, incontestablement, j'aime Taste, l'homme qui, sensuellement, m'a le moins attirée, physiquement au moins. Certes, l'érotisme tantôt brutal et violent, tantôt raffiné jusqu'à la névrose de cet homme n'était pas pour me déplaire. À lui, je lui ai dit des choses que personne n'entendit… D… est trop terre-à-terre et il a une certaine teinte de tolérance trop large et trop brutale.

À présent que tous ces gens-là sont loin de moi et de ma vie, je considère avec étonnement la personnalité de Toulat et je me demande si, là encore, il n'y a pas quelque millénaire atavisme : en effet, comment en une dizaine d'années la vie arabe, l'*âme arabe* surtout ont-elles pu déteindre sur cet homme, ce Français de Poitiers ? Oui, Toulat est arabe. Il est sombre, il aime la vie sauvage et dure du désert ; de tous les officiers français que j'ai connus, il est le seul qui ne s'y ennuie pas. Sa violence, sa dureté elles-mêmes ne sont-elles pas arabes ? Dans son amour aussi, il y a quelque chose de sauvage, de pas français, de pas moderne, car, certes, il m'a aimée. Son amour était à son apogée le jour où il a si désespérément pleuré, lors de notre arrivée à Biskra. Il m'aimait, ne me comprenant pas, et me craignait. Il a cru à son salut dans la fuite et l'abandon.

Comme tout cela est loin ! D'autant plus loin que, de me souvenir *d'eux,* aucune colère ne monte plus en moi : celle qui crut les aimer, ces fantômes lointains, *est morte.* Et celle qui vit est si différente de l'autre qu'elle n'est plus responsable des errements passés.

Certes, toutes les questions sensuelles continueront toujours à m'intéresser, *intellectuellement,* et, pour rien au monde, je n'abandonnerai mes études sur ce sujet. Mais, en réalité et pour ma personnalité, le domaine sexuel se borne bien nettement à présent et le terme banal : « Je ne m'appartiens plus » est bien vrai. Sur le domaine sensuel, Slimène règne en maître incontesté, unique. Lui seul m'attire, lui seul m'inspire l'état d'esprit qu'il faut pour quitter le domaine de l'intellect, pour descendre – est-ce une descente ? j'en doute fort – vers celui des fameuses réalisations sensuelles.

Généralement, dans le monde moderne, faussé et détraqué, dans le mariage, le mari n'est jamais l'initiateur sensuel. Ignoblement, bêtement, on lie la vie de la jeune fille avec un mari, personnalité ridicule, finalement. À lui appartient la virginité matérielle de la femme. Puis, le plus souvent avec dégoût, elle doit passer sa vie auprès de lui, subir le « devoir conjugal », jusqu'au jour où un autre, dans les ténèbres, l'avilissement et le mensonge lui enseigne qu'il y a là tout un monde de sensations, de pensée et de sentiments qui régénèrent tout l'être. Et voilà bien en quoi notre mariage diffère tant des autres – et indigne tant de bourgeois : pour moi, Slimène est deux choses – et sait instinctivement les être bien que le mari n'est presque plus jamais pour sa femme – l'amant et le camarade.

Qu'entendait le type étrange, prenant et, certes pour beaucoup de femmes très supérieures, encore ensorcelant, qu'est le colonel de R…, quand il disait : « Vous avez été, en Algérie, l'objet d'innombrables convoitises »…? Cela, jusqu'à un certain point, je ne le sais que trop bien, pour en avoir souffert.

Pour tous ceux qui m'ont connu, pour les officiers surtout, la personnalité de Slimène dans ma vie est naturellement *inexplicable*. Domercq a fini par se rendre devant l'évidence... Taste *fait semblant* de ne rien comprendre, mais, jusqu'à un certain point, il comprend. Que penser de R... ? Certes, je voudrais pouvoir revoir cet homme et mieux le connaître. L'impression qu'il m'a laissée n'est point banale, et ce ne peut être un homme vulgaire.

J'ai remarqué que les choses de la vie – de la mienne, du moins – ont une étrange tendance à s'arranger toujours contre *toute* vraisemblance, contre toute la fameuse *théorie des probabilités*.

Et je commence à attendre, simplement, sans plus faire d'hypothèses.

Ainsi, je ne sais plus si le revoir avec Slimène est proche, ou non. Certes, je le désire de toutes les fibres de mon être, mais je ne m'accroche plus *aux dates*, de peur de la désillusion.

J'ai traversé plusieurs jours d'angoisse sombre, de rêve pesant Puis, ça a commencé à s'éclaircir un peu, mais le travail m'était impossible et je me sentais poussée à l'inaction. Pour m'en tirer, il a fallu un violent effort de volonté hier...

De cette bienfaisante personnalité de Brieux, je ne sais encore rien, si ce n'est qu'il doit être très bon... Mais est-il excessivement simple, comme ses lettres brèves, simple, franc et droit, ou bien est-il le plus compliqué des compliqués ?

Parmi les personnalités d'ici, il y a Mohammed ben Aïssa le brave, qui doit être parti pour Alger, maintenant, et qui a bon cœur.

Smaïne ben Amma – être vicieux jusqu'au bout des ongles, usé, *déformé* et déjà presque avachi tout à fait. Finira par le *délirium tremens* s'il boit, ou par la paralysie générale.

Antipathique au dernier degré! Zuizou n'avait pas besoin de me prévenir contre lui.

Si j'avais à choisir entre cet « aristocrate » et le portefaix fumeur de kif Slimène, c'est bien certainement ce dernier que je choisirais.

Marseille, jeudi 22 août 1901, midi.

Le martyre continue. Et, cependant, en *raisonnant,* au lieu de me laisser aller à d'obscures sensations instinctives, il y a une amélioration immense dans ma situation : Zuizou n'est plus dans cette Batna de malheur, il est en route, et, de plus, il est à Bône, dans cette ville, où est son tombeau. Puisse-t-Elle l'accueillir et l'inspirer, le prendre pour toujours sous sa protection posthume!

Ici, j'ai fini par comprendre le *mécanisme* très compliqué de l'intolérable état de choses qui s'est établi, (rus.) « Petites affaires de femmes, petit travail souterrain de femmes; ça a cassé tout de même. »

Inutile d'insister. Certes, Augustin n'y est que pour bien peu – pour sa *faiblesse* seulement, et tout cela ne vient pas de lui.

Il a commis une faute irréparable et, à présent, personne n'y peut rien. Mais, raisonnablement, il n'y aurait plus, pour lui, qu'une chance de salut *ce serait que les ennemis meurent et qu'il revienne à nous,* ce qui serait certain.

Ce serait probablement très douloureux pour lui, mais ce serait le salut moral. Faut-il souhaiter que cela arrive ? Non, car il n'y a que Dieu qui connaît le fond des cœurs. Laissons au temps et au *Mektoub,* c'est-à-dire Dieu, le soin de cette vie sur laquelle moi, je ne puis plus agir. Slimène s'en est douté et il comprendra cela mieux que personne. *Louange à Dieu !*

À présent, de ce côté-là je suis tranquille, car je *sais* et je *comprends*. Plus d'incertitude à avoir. Mon état d'esprit est fort complexe. En ce moment, le physique y est pour beaucoup, l'état de choses ici pour le reste. Le retard de Slimène aussi, mais ce sentiment-là est enfantin.

Mon Dieu ! Quel débarras, si Exempliarsky voulait prêter à Augustin une somme suffisante, pour nous délivrer au moins de toute préoccupation de ce côté et aussi pour nous éviter des dépenses embarrassantes, peut-être même funestes !

Nous avons tant de dépenses personnelles, tant de dettes et de choses à acheter, que les 25 francs de la vieille nous feraient réellement plaisir. *Que Dieu facilite !*

Il me faut faire un grand effort sur moi-même pour passer cette semaine sans me laisser aller à l'abattement et même tâcher de l'employer utilement — ce qui est le plus difficile. Ce qui est le plus curieux, c'est qu'ici, la bienheureuse *mélancolie,* calme, résignée et bienfaisante, ne me vient jamais. S'il est de par le monde une ville où ces sentiments-là me sont étrangers, c'est bien ici. Cette ville ne *m'inspirera* jamais… surtout tant que je serai sous ce toit. Après, avec Zuizou tout à moi, dans un tout autre quartier, cela passera peut-être.

La lecture qui me convient le mieux en ce moment est

celle de Dostoïewsky – peut-être parce que ses romans correspondent le mieux avec l'état d'esprit vague, informe et douloureux où je me débats depuis longtemps.

J'ai relu hier soir les lettres de l'ami Eugène. Dieu, quel changement, en lui aussi, en ces six années d'amitié! Quelle évolution depuis ses premières lettres si jeunettes et sa dernière venue du fond du désert, de ce Touat dont le nom seul me fait rêver! Quel assombrissement dans cette âme! Il me semble que ce roman d'amour à Alger a beaucoup influencé Eugène en ce sens. Pour cela surtout, étant donné la nature de cet homme il a fallu que cet amour fut réel et profond et c'est, je crois, ce qui lui est arrivé, à en juger d'après sa lettre si douloureuse où il m'annonçait son départ subit, presque sa fuite dans l'extrême Sud?

Moi aussi – plus que lui-même, j'ai changé incommensurablement depuis lors. Il y a un abîme entre l'enfant que j'étais alors et ce que je suis à présent. Inutile même de le dire : entre mon *moi* de Bône – et pourtant il n'y a que quatre ans – il y a une différence telle que mes souvenirs d'alors me font sourire – très tristement, il est vrai. Il est probable que, sans les terribles malheurs qui me sont arrivés depuis Bône, mon développement aurait été beaucoup plus lent. Il l'eût été même cette année, *sans Behima*. Ce que j'ai constaté et appris à comprendre *ici* a aussi eu une influence énorme sur mon caractère et aura un retentissement certain sur tout le cours de ma vie, désormais.

À mon horizon, comme ultime refuge, comme unique espoir *humain*, il n'y a plus que Slimène, *lui seul*. Le reste s'est évanoui comme des fantômes à peine existants – ayant existé, mais uniquement dans mon imagination maladive. Lui seul est *réel,* n'est pas un leurre et un simulacre.

Vendredi 23 août 1901, 11 h matin.

Hier, abominable journée, grâce à ma nouvelle petite piqûre d'épingle de la part de…

De 3 à 5 heures, arpenté la ville, sans forces exténuée, chancelante, à la recherche de Smaïn. Pas trouvé. Eté Joliette, trouvé portefaix Slimène. Emprunté 55 cents, envoyé dépêche Zuizou. Slimane donné 15 cents pour tabac. Retour à la maison. Fatigue immense, malaise, douleur dans tout le corps.

Nuit, réfléchi et prié. Aujourd'hui, grâce sans doute à Djilani, je me ressaisis un peu. S'il n'y a pas d'histoires imbéciles ici, j'espère tenir ainsi les cinq jours qui me restent jusqu'à l'arrivée – *certaine cette fois* – de Zuizou. Je crois même que je pourrai me livrer au travail – au moins jusqu'à un certain point. Le tout est de ne pas se laisser aller au désarroi moral. Pourquoi, par exemple, m'étais-je imaginé que ce retard de Zuizou renfermait – de sa part – quelque chose de fatal, de désolant ? En grande partie, parce que ma position ici est insupportable.

Oh! avoir besoin de jouer la comédie, ne fût-ce que jusqu'à un certain point! Sentir à côté de soi un ennemi, inconscient (non pas de sa haine, mais haineux *sans savoir pourquoi* – car de raison il n'y en a pas) et ne pas pouvoir m'en aller! Pourquoi ne suis-je pas partie aujourd'hui avec l'argent de Zuizou ? Pour ne pas rompre avec Augustin que je sens très malheureux. Mais ce rôle à jouer – nullement par crainte, car un ennemi pareil et sa haine sotte ne sauraient que *me faire sourire,* mais pour ne pas achever l'autre et pour ne pas établir un état de choses impossible tout à fait – me répugne et me dégoûte.

Enfin, c'est encore une épreuve, et il ne faut pas se montrer au-dessous des épreuves qu'envoie Dieu. Celle-là sera brève, heureusement!

Samedi 24 août 1901, 10 heures soir.

Enfin, Dieu et Djilani nous ont entendus! Après la mauvaise nouvelle d'hier, le colonel est venu en personne m'annoncer que la permutation a été prononcée. Dans trois jours, Zuizou sera là, certes, maintenant, la protection du colonel nous est acquise.

Ô impénétrables destinées humaines! Ô voies inconnues par lesquelles Dieu mène les créatures!

(ar.) *Je n'ai point de coquetterie avec toi. Ô Abou Alam!*

Je t'ai placé derrière mes épaules. Ne plaise à Dieu que j'en aie peur.

Ils ne nous ont point abandonnés, car Ils lisent dans les cœurs, et Ils savent que les nôtres sont purs *s'il plaît à Allah.* Ils compléteront leur œuvre en ce qui reste encore à faire!

Lundi 26 août, 11 heures matin.

Hier, après la vague indisposition de ces jours, j'ai traversé une crise étrange... Souffrant de colique avec mal de reins, je m'étais étendue après-midi. Vers 4 heures, un mal de tête de plus en plus violent m'a prise, puis une fièvre intense. J'étais en proie à ce *délire conscient* qui est si terriblement fatigant. Eh bien! Ils m'ont laissée seule dans la maison jusqu'à 10 heures, sans aide… Et, en rentrant, ils n'ont même pas pu entrer pour voir ce qui se passait… Voilà qui peint bien ces êtres-là, leur dureté, leur égoïsme féroce et leur inconscience! Enfin, grâce à Allah, il n'y a plus que *deux jours* de cette horrible existence, de cette misère atroce.

Je fais cette réflexion que je suis maintenant comme les troupiers dont les inscriptions illustrent les murs des *bordj* et je dis, sinon en me frottant les mains, mais au moins avec un soupir de soulagement : *ça se tire tout de même! Plus que deux jours à tirer!* Que le temps devient long, quand on n'a, ne fût-ce que momentanément, plus d'autre but que de *tirer les jours,* de les tuer coûte que coûte!

Aujourd'hui, je suis faible, moulue, brisée. J'ai toujours des coliques, du mal de reins. Pourvu que, ce soir, la fièvre ne me reprenne pas! Peu importe, en effet, qu'ils soient ici ou non : de soins, il n'y en a pas à attendre, et quant à en mendier, je ne le ferai pas plus aujourd'hui qu'hier soir. Si au moins je pouvais tenir bon jusqu'à jeudi! Là, Zuizou me soignera, me consolera, et tout ira bien.

Autre idée (mes idées sont sans suite) : c'est bien sur la porte de cette chambre que je pourrais inscrire en toute vérité : *Eden Purée.* Oh non, de bon souvenir, cette chambre ne m'en laissera point. C'était une pure et courte illusion, un soir, ce que j'ai écrit là-dessus.

Mais je constate qu'en effet, ma santé a cédé à la peine. Je suis sûre que, si cette galère devait se prolonger encore, je tomberais malade gravement. Et qui sait même comment finira cet état actuel ? Je suis sûre de ne jamais avoir rien éprouvé de semblable, sauf au commencement de graves maladies : influenza, jaunisse, rougeole. Peut-être le mieux d'aujourd'hui n'est-il qu'un triomphe momentané de ma robuste santé ? Mais je ne crois pas. J'espère tenir bon au moins ces deux jours qui me restent à tirer.

Ce soir, si je ne suis pas malade, il faudrait aller voir la chambre à l'hôtel, car demain, il faudra rechercher le portefaix Slimène et Smaïn.

Mardi 27 août 1901, midi.

Il y a longtemps que je n'ai été aussi calme qu'aujourd'hui. Fort mistral, temps superbe d'automne. L'air est pur et transparent. Il fait frais. Le soleil luit et *demain, je quitte cette maison.*

Pour tout résumer, je pardonne tout, et c'est bien à Lui à juger. J'ai fait et ferai jusqu'au bout mon devoir humain et envers Celle qui n'est plus. J'ai eu des torts envers Elle et envers Vava. Torts involontaires, certes, mais qu'il faut racheter en marchant droit, en faisant le bien pour le bien et pour Eux et non pour la reconnaissance de ceux à qui je le fais. Certes, Slimène me comprendra et sera de mon avis. Quoi de plus beau que d'avoir l'âme tranquille, de sentir que l'on agit généreusement même envers des aveugles !

Enfin, le calme est un peu revenu dans ma vie et dans mon âme. Il y a encore beaucoup de questions à régler, celle du mariage notamment, rendue difficile seulement à cause de la question fortune. Mais, étant donné la protection évidente du colonel, j'espère que là encore cela ira bien...

D'ailleurs, Djilani ne nous a point abandonnés et ne nous abandonnera pas à l'avenir, car nous continuerons à être ses serviteurs justes, généreux et fidèles.

Mais combien de nuages écartés de notre horizon! Et, surtout, si Dieu ne nous sépare pas par la mort, l'ère des séparations est bien et *définitivement* close.

27 août soir, quitté maison Augustin.

À 4 heures, été quai Joliette. Zuizou arrivé par le *Ville-d'Oran,* le 28 août 1901, à 8h 1/2 du matin, beau temps clair, fort vent...

1ᵉʳ octobre 1901, 3 heures soir.
67, rue Grignan.

Un mois s'est écoulé depuis que j'écrivais ces dernières lignes. Tout est changé, certes. Zuizou est là, auprès de moi, et sa santé n'est point aussi altérée que je le craignais. Nous sommes seuls et *chez nous* – délicieuse sensation! Notre mariage n'est plus qu'une question de jours et la *Villa* est vendue.

Pauvre chère *Villa Neuve* où je n'entrerai certes jamais plus, que j'ai même bien des chances de ne plus jamais revoir!

Depuis hier, date à laquelle j'ai appris que *la maison* a été vendue le 27 septembre, les souvenirs de là-bas viennent me hanter.

Finie, cette fois pour toujours, l'histoire de la vie là-bas, la première de mes idées ici-bas ! Tout est dispersé, fini, enterré. Dans peu de jours, les vieux meubles eux-mêmes, les témoins inanimés du passé, seront vendus à l'encan, disséminés... Quant à nous dont les liens moraux se resserrent chaque jour plus, après les cinq mois d'exil qui restent, nous partirons pour le plus loin possible dans le Sud, et cette fois, *s'il plaît à Allah, pour toujours.*

Dieu a eu pitié de moi et Il a entendu mes prières : Il m'a donné le compagnon idéal, tant et si ardemment désiré sans lequel ma vie eût toujours été incohérente et lugubre.

Pour le moment, nous traversons une période d'épreuves et de misères mais (rus.) *seul celui qui aura souffert jusqu'au bout sera sauvé.*

Dieu seul sait à quoi Il nous destine. Il faut donc se résigner et affronter courageusement l'adversité, avec la ferme conscience que notre vie terrestre n'est qu'un acheminement vers d'autres destinées inconnues.

Une année s'est déjà écoulée depuis l'automne lumineux et mélancolique du Souf... Là-bas, les palmiers se dépouillent de leur suaire de poussière et le ciel est clair et limpide au-dessus de la dune resplendissante et des *chott* bruns de Debila...

Et nous, nous sommes là, dans cette ville abhorrée, répugnante, maussade, où tout est gris et lugubre !

Marseille, 21 novembre 1901, 8 heures soir.

Depuis quelques jours, je traverse, ou plutôt, chose singulière, nous traversons une période de tristesse profonde, point morne, mais insondable, et, chez moi aussi commence cette sensation dont on me parlait ces jours : pressentiment de départ. *Dieu sait!*

Les souvenirs du Souf, l'amour vivace et profond qui sommeille en moi pour le pays d'élection, tout cela hante mon cœur, à la fois douloureusement et délicieusement... Il suffit d'une sonnerie de clairons entendue par hasard pour éveiller tout un monde de sensations en mon âme qui semblait ensommeillée.

Ce sont aussi les grandes préoccupations de l'au-delà qui m'ont tant fait rêver jadis, aux longues heures nocturnes de silencieuse contemplation, accoudée à la fenêtre de ma chambre, d'où l'on voyait le grand ciel de là-bas, et les dentelures souvent neigeuses du Jura, et les grands arbres en masses noires, estompées, d'où émergeait la silhouette géante du vieux peuplier de la ferme.

Dans les bosquets de lilas, pleins d'ombre et inondés de rosée, il y avait, toutes les nuits de printemps, d'innombrables rossignols dont les chants remplissaient mon âme d'une étrange langueur... Chose étrange, il s'est fait en mon esprit, principalement durant mon enfance, d'étranges *associations* d'idées, de sensations, de souvenirs...

Ainsi, ces souvenirs printaniers de lilas en fleurs s'allient toujours en ma mémoire avec des ressouvenances de claires et limpides soirées *d'après la pluie*... suivies par les nuits tièdes, embaumées, et les chants innombrables...

Tout cela me revient, maintenant, dans cette vie incertaine et monotone d'aujourd'hui.

Enfin, pour la première fois depuis la mort des chers vieux, c'est-à-dire depuis mon entrée dans la vie consciente, *j'extériorise* un peu mon *moi,* j'ai un devoir à remplir *en dehors de moi-même.* Cela suffit pour ennoblir ces jours sans cela informes et cette existence sans charmes que, depuis cinq longs mois, je traîne dans cette ville d'exil où rien ne me rattache, où tout m'est étranger et répugnant... Comme le *vulgaire,* non seulement le vulgaire populacier qui nous entoure mais même celui qui se pique d'intelligence et de développement, hait tout ce qui ne plie pas devant ses exigences et ses lois stupides et arbitraires ! Comme la plèbe s'irrite, quand elle voit surgir un être – une femme surtout – qui veut être *luimême* et ne pas lui ressembler ! Comme la médiocrité s'enrage de ne pouvoir tout niveler, tout réduire à son niveau bête et bas !

Je me découvre à présent une capacité dont je ne me doutais pas – celle de composer des cours, notamment sur l'histoire, avec des vues d'ensemble qui ne sont point dénuées de largeur.

Mme Paschkoff n'est point une nature qui enchante et captive. Mélange singulier, mais beaucoup d'égoïsme inconscient, orgueil immense et superficialité intellectuelle. Mobilité russe, surtout *mondaine.*

Chez moi, la haine des démêlés avec la foule est innée, et je revêts ses oripeaux pour ne point avoir affaire à elle. Cependant dans l'entretien, il m'est et me sera sans doute toujours impossible de dire, et de dire violemment ce que j'estime vrai et juste.

L'indifférentisme mondain et moderne n'est pas fait pour déteindre sur moi. Et cette sincérité au moins dans la haine est une chance de salut moral.

Le plus terrible malheur qui puisse accabler un être humain, c'est de tomber dans le morne nihilisme moral d'un Nicolas Stavroguine ou dans l'avilissement égoïste de l'intellect comme chez Augustin. Certes, cette préoccupation constante et *réelle* des choses qui ne sont point nous-mêmes, qui ne nous *rapportent matériellement rien* est en effet ce qui ennoblit et adoucit l'âme, ce qui la grandit au-dessus des banalités, des petitesses ambiantes.

Maintenant plus que jamais, je sens que je ne supporterai jamais la vie sédentaire et que l'attirance de *l'ailleurs* ensoleillé me hantera toujours... Le seul endroit où j'accepterais de finir ma vie serait El Oued et je n'y voudrais même pas revenir autrement que pour y rester à jamais...

26 novembre 1901, 1 heure soir.

Aujourd'hui, tristesse calme, désir de partir, de fuir cette chambre, cette ville et ceux qui y sont... car le seul d'entre eux que nous regretterons sera certes F...

Il me semble de plus en plus que ce sont bien les *derniers jours* de notre exil ici que nous traversons maintenant... Dieu donne qu'il en soit ainsi, car le cauchemar marseillais a assez duré!

Ce qui me réjouit, c'est que, de plus en plus, Ouïha commence à pénétrer lui aussi ce domaine caché de sensations et de pensées où je ne suis donc désormais plus seule. Évidemment, lui aussi doit, un jour, concevoir toutes ces choses très mystérieuses qui sont les *dessous* de la vie et qui sont inaccessibles au vulgaire.

Ainsi, voici encore une preuve de ce fait que tout confirme : il était bien le compagnon qui m'était destiné depuis toujours... et quel insondable mystère enveloppe donc nos existences terrestres : dix, vingt, vingt-cinq années nos destinées se poursuivaient, lointaines l'une de l'autre, sans que nous soupçonnions même mutuellement notre existence de par le monde, aspirant cependant à trouver l'*indispensable* compagnon, celui sans lequel tout bonheur terrestre est *impossible,* car il est nécessaire à la nature elle-même... Puis, à la suite d'un concours de circonstances en apparence tout à fait fortuites, cette rencontre d'El Oued...

Certes, et c'est une chose fort étrange en elle-même – c'est le 19 juin 1900, à Genève, qu'a commencé à sortir de l'ombre ma destinée, à se révéler à moi. C'était dans la sale et triste chambre chez la mère Pons. J'écrivais un chapitre quelconque de cette histoire de *Rakhil* et je vis tout à coup surgir dans mon esprit l'idée *d'aller à Ouargla!* Ce fut le commencement de tout, cette idée-là !

Ah ! si, à chaque heure de notre vie, nous pouvions prévoir l'importance capitale de certaines pensées, de certains actes, de certaines paroles même qui, en apparence, sont infimes et indifférents ! Et n'est-on point amené, par de tels exemples à conclure que, dans la vie humaine, il n'est *point de moments indifférents* et sans résultat pour l'avenir.

Dans un tout autre ordre d'idées. Étudiant avec Ouiha l'histoire de Carthage, je suis frappée de la ressemblance qui existe entre l'antique et dure Carthage et la moderne Angleterre : rapacité, haine et mépris de l'étranger, égoïsme implacable et sans bornes... Serait-ce là le sort de toutes les grandes puissances *maritimes,* c'est-à-dire de celles qui ont le *génie maritime* et non de celles qui furent puissantes et commerçantes sur mer fortuitement, et pour un temps relativement court, comme l'Espagne, par exemple ?

Pour compléter mon développement intellectuel et m'ouvrir de plus vastes horizons, il faudrait avoir la possibilité de faire de sérieuses études historiques, à présent. Hélas, les comptes de l'épicier et les traites du tailleur viennent me prendre le temps précieux que je voudrais consacrer à la pensée !

Rien n'est plus désespérant, et rien n'engendre le dégoût et l'ennui, comme de vivre avec le vulgaire, avec des êtres dont les trivialités de la vie journalière sont les seules préoccupations... et, pour moi du moins, rien n'énerve autant les facultés supérieures...

Samedi 30 novembre 1901, 3 heures soir.

Les jours s'écoulent, monotones et gris, dans les banales et ennuyeuses préoccupations que nous cause l'inextricable situation où nous nous trouvons depuis une année, mais qui s'aggrave encore en ce moment.

Il fait un froid intense et nous n'avons, pour nous chauffer, que le bois que l'on nous donne par charité... *intéressée* de la part de M... *(ar.) La malédiction d'Allah sur les mécréants et leur mentalité !* comme dit Slimène.

Qu'adviendra-t-il de tout ce gâchis où nous sommes plongés ici ?

Certes, si nous parvenons à nous libérer de nos principales dettes et si l'ami Eugène m'envoie encore cent francs, nous partirons immédiatement pour Bône où nous resterons un temps illimité. Quand pourrons-nous gagner Alger ? Dieu seul le sait !

Cependant, dans tout l'ennui, au milieu de toutes les souffrances matérielles et morales de ce temps présent, il est une constatation qui me réjouit beaucoup : de plus en plus, l'âme de Zuizou se rapproche de la mienne. Le camarade tant rêvé est enfin trouvé. Puisse-t-il durer autant que durera encore l'existence terrestre !

Nous vivons en pleine brume de l'incertitude, en pleines ténèbres plus que jamais. Cependant il est, à l'horizon, un radieux espoir : le retour prochain et sans doute définitif, au *pays* d'élection.

Traversé une période d'ennuis, d'irritation croissante dans l'incertitude où nous nous débattions. À présent, détente et grande lassitude. Cependant, nous semblons être sauvés et le retour en Afrique n'est plus qu'une question de jours.

Avant cela, il y aura un triste retour, rapide et comme furtif, à Genève.

Le 21 janvier 1902, mardi, Bône.

Le 14 janvier, quitté Marseille à 5 heures du soir, par le *Duc-de-Bragance*. Arrivés à Bône, le 15 janvier à 8 heures soir.

Enfin, le rêve du retour d'exil s'est réalisé, nous voilà, une fois de plus, au grand soleil éternellement jeune et lumineux, sur la terre aimée, en face de la grande Azurée murmurante dont les étendues désertes rappellent, le soir, celles du Sahara plus proche maintenant, qui n'est plus qu'à une journée d'ici et que, Dieu et Djilani aidant, nous reverrons sans doute dans le courant de cette année commencée d'une façon consolante!

Puisse cette année être le commencement de la vie nouvelle, de l'apaisement tant désiré et tant mérité!

Bône, le 29 janvier, mercredi, 11 heures matin.

La vie au grand air et la simplicité des choses ambiantes commencent à me rendre les forces que j'avais achevé de perdre durant le long et douloureux exil à Marseille. De plus, l'intellect se réveille également, et je pense que j'écrirai ici.

Rien que l'idée que toute cette grande Méditerranée nous sépare de cette trois fois maudite géhenne marseillaise où nous avons tant souffert, rien que cette idée me donne une *sensation physique* de bien-être, de *soulagement* immense.

Dans vingt et un jours, se terminera aussi la servitude, la gêne causée par ces attaches qui relient encore Zuizou au service militaire, le forcent à compter avec des intrus. Après, il faudra nous débrouiller, lancés tout seuls au milieu du vaste univers superbe, changeant, tantôt charmeur, tantôt décevant…

Ces quelques années de vie terrestre ne sont point faites pour m'épouvanter, sauf, cependant, l'éventualité de perdre mon compagnon de route et de rester seule. Il pense avoir assez d'habileté pour pouvoir diriger avantageusement, dans le sens où j'entends ce mot-là, nos affaires matérielles.

Au moral, résignation *presque* absolue et calme relatif, dans lequel, je le répète, les agents physiques sont pour beaucoup. Pour le moment, aucun désir de me mêler à la vie des hommes, de revivre de la vie citadine : l'isolement où je vis me charme et m'attire.

L'autre soir, en allant seuls tous deux à la rencontre d'Ali Bou Traïf au pont de la Casbah – un lever de pleine lune sur la mer tranquille. Heure pleine de mystère et d'insondable tristesse. Impressions semblables à celles éprouvées parfois jadis dans le Sud, en face des paysages mystérieux de là-bas – dans la région des *chott* et dans l'*oued* Rirh'r salé. Nous nous sommes arrêtés au tournant de la route menant au cimetière.

Sous le ciel bleu, éclairé vaguement encore et par en bas, la mer s'étendait, d'une couleur indécise entre un bleu argenté et un gris de lin.

Le *pont mystique* de la légende slave, tissé pour les nymphes des nuits silencieuses par les rayons lunaires tremblait à peine, tout en or, sur le fond imprécis des eaux. Un nuage interposé en bande grisâtre entre la lune et les eaux partageait celles-ci de son ombre, toute semblable à une dune basse s'étendant en deux promontoires, séparant la mer en deux parties : l'une, très vaste, très bleue, très éclairée, l'autre, s'ouvrant sur le vide de l'horizon, imprécise, d'un gris terne, vaporeux, et où flottait un bateau de pêche, à voile latine, sans réflexion dans l'eau brumeuse, sans mouvement, sorte de vaisseau fantôme qui finit par glisser imperceptiblement et disparaître dans le monde de vapeurs lointaines.

Le 14 février 1902, 3 heures soir.

Un mois s'est déjà écoulé depuis que nous avons quitté la géhenne marseillaise et, ici, cela va déjà tout de travers par la faute des perpétuelles intrigues des Mauresques.

Ici comme ailleurs, je constate l'instabilité du caractère de Slimène et l'influence nuisible qu'exercent sur lui les milieux où il vit. Cela changera-t-il un jour ? Je l'ignore et, dans tous les cas, avec un tel caractère, la vie de misère à laquelle nous sommes réduits est plus que difficile.

Il vaut mieux aller recommencer une vie de privations et de gêne à Alger – où elle sera toujours moins affreuse qu'à Marseille, que de rester ici, où l'hospitalité se manifeste par de continuelles avanies et des discussions interminables.

L'esprit littéraire se réveille en moi et je tâcherai au moins de me faire un nom dans la presse algérienne, en attendant de pouvoir en faire autant dans celle de Paris, qui seule vaut la peine qu'on s'en occupe, et qui seule fait une réputation.

Pour tout cela, il faudrait quelque temps de calme absolu, de réclusion presque. Il faudrait trouver, à Alger, un type capable d'enseigner à Slimène ce qu'il ne sait pas, et il y a là une grande somme de travail – et me délivrer de cette façon de tous les soucis qui m'accablent et m'empêchent de travailler. *Dieu y pourvoira !*

De plus en plus, les ennuis et les tiraillements de la vie journalière me deviennent indifférents. Au fond, je me suis beaucoup refroidie envers tout et envers tout le monde. Ce que je veux seulement fuir coûte que coûte, ce sont les disputes, les criailleries, car ce sont choses *matériellement* insupportables.

Si nous réussissons aujourd'hui ou demain à nous enfuir aux Karéza, nous finirons non seulement tranquillement, mais même agréablement, ces quelques jours qui nous restent encore à passer ici.

Encore une fois, j'irai dire adieu au tombeau blanc, sur la verte colline magnifiée par l'enivrant printemps, puis, nous irons plus loin, poursuivre notre destinée changeante et tourmentée.

À Alger, il y aura quelques réminiscences du passé, datant déjà de deux ans bientôt, et qui préluda à l'épopée du Souf. Ce qu'il y aura plus loin *Allah le sait!*

Parti d'Alger par la voiture des Messageries du Sud, le 12 mars 1902, à 6 h 1/4 matin. Beau temps clair. Disposition d'esprit – bonne, calme. Ascension pénible et longue des pentes du Sahel. Birmandreis, Birkadem, Birtouta. Boufarik, Beni-Mered. Arrivé à midi 1/2 à Blida, été au café sur la place d'Armes. Déjeuner au relais, parti par la voiture de Médéah. Sidi-Medani, les gorges. Ruisseau des Singes, hôtel, beau torrent, gorge étroite. Le long de la route, nombreuses cascades passant sous terre. Au 68ᵉ kilomètre, jonction de l'*oued* Merdja à gauche et de l'*oued* Nador à droite, descendant du Djebel-Nador. Au 70ᵉ kilomètre, Camps-des-Chênes. Maison forestière et hameau. Vu un tirailleur en train de faire son repas près du puits (aperçu Souf noir). Croisement de la route nᵒ 1 avec le chemin de Takitoun, plaque commémorative de l'armée d'Afrique de 1855. Au 74ᵉ, ferme. Au 75ᵉ, pont sur l'*oued* Zebboudj. Le Nador reste à gauche et le Zebboudj s'y jette près du pont. Depuis le 67ᵉ kilomètre, la vallée s'est élargie. Fourrés de lauriers, thyms en fleurs vers la jonction du

Nador et du Zebboudj. Partout, fougères en grande quantité. Au 76ᵉ kilomètre, ruines d'une plâtrerie. 77ᵉ, relais et arrêt au café maure de Ndila, arrêt un peu plus loin à R'eich.

Arrivé à Médéah vers 8 h 1/2. Dure montée de cinq kilomètres et grand circuit. Station au café maure. Envoyé une dépêche à Ouïha. Station sur la place, sur un banc, puis au café-restaurant de la gare.

Reparti voiture Boghari. Ghardaya à 10 h 1/2. Arrivé à Berrouaghia à 1 h 3/4 du matin. Couché à l'hôtel des Voyageurs. Levé 7 heures. Été au café maure avec un *deira*. Parti à cheval à 8 heures. D'abord, route carrossable, passant devant le pénitencier civil. Puis, sentiers arabes s'engageant dans un pays de coteaux séparés par de profonds ravins où coulent des ruisseaux, et très boisés de fourrés. Arrêt dans une gorge aux bains chauds, café maure. Direction : nord-ouest. En route, *marabout* Taïeb et au loin Tablat vers la droite. Arrivé vers midi 1/2. Beni-bou-Yacoub, à mi-côte d'une colline élevée au pied de la montagne. Au fond de la gorge, sur l'*oued*, maison du *caïd*.

Séjourné jusqu'à 2 heures matin. Reparti à mule avec deux domestiques montés. Chemin : collines élevées, gorges, ravins profonds, innombrables *oueds*, chemins détrempés, transformés en torrents. Pataugé toute la nuit, perdu plusieurs fois le chemin.

Le jour se lève, terne, dans une vallée triste. Nuages déchiquetés dans la vallée étroite et profonde entre d'assez hautes montagnes bleues.

Marché à pied pendant un certain temps pour reposer mes jambes engourdies. Arrivés au café maure situé au milieu de grosses pierres éboulées, sur le versant de la colline, au-dessus d'un *douar* misérable. Arrivés à Hassen-ben-Ali (Loverdo) vers 9 heures du matin. Renvoyé les domestiques. Passé la journée au café maure Beranis. À midi, levé, été promener. Quelques maisons européennes en pisé rougeâtre, d'aspect misérable, sur une colline dominant la vallée profonde dans la direction des Benibou-Yacoub. Montagnes élevées pour horizon. Impression de tristesse désolée. Ennui, fatigue extrême. Temps gris, vent violent, froid intense. À 3 h 1/2 été gare, envoyé dépêche Ouïha. Pris billet. Pluie fine et glacée. Erré sur la voie unique.

Pris train à 5 heures. Changement à Blida. Endormi sur un banc. Réveillé par un ouvrier. Pris le train P.-L.-M. venant de Maison-Carrée. Arrivé à Alger à 9h35 soir le vendredi 14 mars.

(ar.) Dieu ne met pas dans la bonne voie la foule des fous!

Le 30 mars 1902.

Situation actuelle : Manque d'argent. Nous comptons sur Si Mohammed Cherif pour nous sauver et assurer notre existence pendant ces quelques jours qui restent. Les journées sont employées au travail.

Jeudi dernier course chez Barrucand; villa Bellevue, Mustapha. Impression agréable. Esprit moderne, fin et subtil mais soumis aux idées du siècle. Été rue du rempart Médée à l'ouvroir de Mme Luce Ben Aben. Éprouvé un certain plaisir à cette conversation avec des intellectuels, sensation oubliée depuis longtemps.

L'homme généreux écrit au crayon le mal qu'on lui a causé et à l'encre le bien qu'on lui a fait.

« Agis dans ce monde comme si tu devais vivre toujours et agis pour la fin, comme si tu devais mourir demain ! » à comparer avec l'idée de Marc Aurèle *(Pensées)*.

Le 1ᵉʳ avril 1902, 9 h soir.

Nous sommes toujours au travail, rebutant par sa quantité, par le peu de temps – combien peu ! – qui nous reste pour ces études arriérées, accablantes maintenant. Il faut à présent un bien grand effort. Ce qui nuit, c'est la variété des matières, la multiplicité des sujets. Enfin, *Dieu facilitera !*

En ces derniers jours, un élan spontané et sincère vers la pauvre chère lointaine Popowa. Dieu seul sait si je la reverrai jamais ! Être pur et noble s'il en fut, allant en certaines choses jusqu'au rigorisme moral, Popowa a peut-être été chez moi l'initiatrice de ce mouvement de relèvement moral qui date de mon séjour à Genève en 1900, avant mon départ pour El Oued. Oh, l'avoir ici, près de nous, si forte, si bonne, si pleine de vie et d'énergie, dans ces heures de souffrance, d'ennui et d'incertitude !

Cependant, en y regardant de près, je dois constater que notre vie actuelle de pauvres étudiants sans le sou *est la vie rêvée,* jadis, aux jours d'aisance.

Je n'en prévoyais alors certes pas les affres, les angoisses, les *impuissances* douloureuses, et je ne savais surtout pas quelle patience lente, longue et d'autant plus difficile pour ma nature. Un effort, fût-il presque surhumain, mais rapide, en un seul élan ne m'est pas difficile. Mais cette suite ininterrompue et interminable de petits efforts à peine perceptibles, sans valeur apparente, sans résultat immédiat et appréciable, cette succession de luttes contre moi-même, contre mes goûts, mes aspirations, mes désirs et mes besoins les plus légitimes, c'est là, avec ma nature, la plus rude, la plus douloureuse épreuve.

Dans la situation actuelle, il faut encore avoir du courage pour deux, il faut, en face des plus noires situations, relever le moral de Zuizou, lui rendre l'espérance et le courage sans lesquels nous serons infailliblement perdus. Cependant, je commence à m'y habituer, à envisager froidement, mais avec une inaltérable espérance, une foi désormais puissante en Dieu et en *Djilani,* les plus périlleuses situations.

L'autre jour, Barrucand me disait : «... Il est dans la vie, des nœuds sur les fils que nous suivons, et, si l'on parvient à dépasser ces nœuds, l'on retrouve, pour quelque temps encore, une surface unie et lisse... jusqu'au nœud final, le nœud gordien, que la Mort vient trancher... »

Il me semble impossible que l'esprit humain puisse, *réellement, sincèrement,* se *représenter* la Mort comme une cessation *réelle, absolue* de la vie. Pour moi, je crois *sentir* en moi-même une *certitude d'éternité.*

Cependant, *(ar.) je demande pardon à Allah le très Grand,* si la Mort était réellement l'anéantissement absolu, elle ne serait pas effrayante. En somme, les trois quarts de la Douleur ne sont-ils pas dans l'horreur du *souvenir* que nous en gardons, c'est-à-dire dans la *conscience* que nous en avons ?... Plus de conscience, plus de souvenir, presque plus de Douleur...

« Il ne s'agit pas de vivre, mais de partir » (Maréchal de Saxe.)

Alger, le 22 avril 1902.

17, rue du Soudan.

Ce soir, par extraordinaire, il n'y a pas trop de travail. J'ai un moment de recueillement, et j'ai lu Nadson, le vieil évangile de mes jours plus jeunes et plus heureux, après avoir traduit la chrétienne pour la chère, pour la bonne Mme Ben Aben.

Et je pense que là-bas, bien loin, sur les bords du Rhône bleu, au pied du Jura encore neigeux, le printemps commence. De minces feuillages odorants embrument les arbres et les fleurs premières poussent dans les rocailles de la *Villa Neuve,* à l'ombre des grands sapins sombres et sur les deux tombes du cimetière de Vernier…

Tout est à peu près semblable, cette année, à ces printemps envolés de jadis, et l'immuable nature revit… Mais moi je n'y suis plus pour rêver et pour souffrir… et Vava et Maman et Volod ont sombré dans le grand Inconnu!… Tout est fini, rasé, anéanti…

Alger, 4 mai 1902 vers 10 h soir.

Aujourd'hui visite à un sorcier, logé dans une minuscule boutique d'une rue haute, par des escaliers obscurs de la rue du Diable. Acquis la preuve certaine de la *réalité* de cette incompréhensible et mystérieuse science de la Magie… Et quels horizons, vastes et obscurs tout à la fois, cette réalité ouvre à mon esprit, quel apaisement aussi, battant puissamment en brèche le doute!

Ces jours-ci, j'ai retrouvé ces états d'âme de jadis,

calmes et mélancoliques. Décidément, Alger est l'une des villes qui m inspirent, surtout dans certains de ses quartiers. Celui où nous habitons me plaît, notre logis aussi, après l'horrible bouge de la rue de la Marine. Certes ici, sans le travail ingrat, ennuyeux et continuel, sans les ennuis et les appréhensions de notre situation présente, j'aurais quelques jours de paix, de recueillement et de travail fructueux.

Comment les imbéciles qui fourmillent dans le « monde » et dans la littérature peuvent-ils dire qu'il n'y a plus rien d'arabe à Alger ? Moi qui ai vu bien d'autres villes, j'y éprouve certaines impressions du plus pur orient !

Une, très gracieuse, est celle du *maghreb* sur le port et sur les terrasses de la haute ville avec les Algéroises rieuses, tout un monde folâtrant en rose ou en vert sur le blanc à peine bleuté des terrasses accidentées, incohérentes : c'est de la petite fenêtre à moucharabia de Mme Ben Aben que l'on découvre tout cela…

La baie d'Alger est, avec celle de Bône, le plus joli, le plus délicieusement grisant coin de mer que j'aie jamais vu.

Comme on est loin ici de l'ignoble Marseille, avec ses laideurs, sa bêtise, sa grossièreté et sa saleté morale et matérielle !

Malgré la tourbe introduite ici par la « civilisation » prostituée et prostituante, Alger est encore un pays gracieux, et il fait très doux à y vivre.

Cependant, pour de longs jours, la rencontre du cadavre de Zeheïra la Kabyle qui se jeta naguère dans un puits de l'impasse Médée pour fuir un mariage odieux, portée sur une civière couverte d'une grosse toile grise, avait jeté comme un voile de deuil, lourd et obscur, indéfinissable, sur cette lumineuse Alger... À présent, c'est passé... Seuls les abords gardent quelque chose de cette ombre-là, et je n'aime plus y passer...

Plus j'étudie – très mal et trop vite – cette histoire de l'Afrique du Nord, plus je vois que mon idée était juste : la terre d'Afrique mange et résorbe tout ce qui lui est hostile. Peut-être est-ce la *Terre prédestinée* d'où jaillira un jour la lumière qui régénérera le monde !

Un vieillard d'allures pacifiques vint au camp français lors du débarquement à Sidi-Ferruch en 1830. Il ne dit que cette seule phrase : *(ar.)* « *Dieu est Dieu et Mohammed est son prophète !* » puis il s'en alla et on ne le revit jamais.

Cet homme était venu annoncer quelque chose que personne ne comprit... et c'était la pérennité de l'Islam là, sur la terre ensorcelante d'Afrique !

Le 8 juin 1902, 11 h 1/2 soir.

La vie continue, monotone, avec, cependant, une note *d'ébauche d'avenir,* dans le grand désarroi moral où je me trouve.

Je traverse de nouveau une période d'incubation, lente et parfois fort douloureuse. Le genre de vie que nous menons, monotone à la fois et incertain, contribue beaucoup à pousser mon *âme* à des investigations qui sont souvent pénibles.

Des deux personnes qui nous ont aidés ici, Barrucand et Mme Ben Aben, bons tous deux et très délicats, je commence à comprendre le caractère : Barrucand, dilettante de la pensée et surtout de la sensation, nihiliste moral, est, dans la vie pratique, un être très positif, *sachant vivre.*

Mme Ben Aben est, après ma mère, le second type de femme bonne par essence, éprise d'idéal, que je rencontre. Dans la vie réelle, combien toutes deux sont ignorantes ! *Même moi,* moi qui ai la conviction intime que *je ne sais pas vivre,* je sais mieux qu'elles.

Augustin s'est effacé de ma vie. Pour moi, le frère tant aimé jadis est mort. Quant à l'individu qu'il y a à Marseille ou ailleurs, le mari de *Jenny l'ouvrière,* il n'existe pas et je n'y pense que très rarement. C'est lui qui a tout fait pour cela, et l'inoubliable Vieux, cette fois encore, s'est montré d'une clairvoyance inouïe.

Depuis que la bonne chaleur de l'été est revenue, très brusquement, depuis que la grande lumière aveuglante flamboie tous les jours sur Alger, je retrouve peu à peu mes impressions d'Afrique. Je les retrouverai bientôt tout à fait, surtout si le voyage projeté à Bou-Saada a lieu... Ah, ce voyage ! ce sera un bref retour, sinon dans le Sahara resplendissant, au moins bien près, dans un pays de palmiers et de soleil !

Notes d'Alger.

Tant qu'il faisait frais, l'ombre grisâtre des rues obscures de la haute ville était sombre, presque maussade. À présent, par les oppositions d'ombre et de lumière, brusquement, violemment juxtaposées, cela redevient africain, ou tout au moins *arabe.*

Non, le vrai paysage africain n'est dans aucune des grandes villes, surtout du Tell. La perspective africaine est vague, l'horizon lointain. Beaucoup d'espace et de vide, sous la lumière immense : voilà le paysage africain type ! L'architecture d'Alger n'est point dans ces règles-là. C'est l'entassement des maisons peureusement blotties au fond des impasses, d'une ville accoutumée aux sièges et aux coups de main. Faute de place, les étages y empiètent sur la rue, l'enjambent à tout bout de champ.

Et puis, la rue d'Alger est déshonorée par la *foule*. Dans le silence et la pénombre, ces rues auraient leur charme.

Avec la foule mêlée, la foule bêtement bruyante où l'élément arabe est représenté presque uniquement par les affreux Kabyles en « costumes *roumi* », ces quartiers ressemblent à de mauvais lieux, à des coupe-gorge.

Pour l'étranger profane, les *burnous* sales sur la tenue européenne en loques, les *chechia* sans gland et fanées et les Mauresques nombreuses sont la *couleur locale*. Pour celui qui sait, c'est là justement ce qui enlève à Alger son caractère arabe, parce que ce n'est pas conforme aux mœurs arabes. Encore, le profane trouve très *africain* le dédale des rues vieilles d'Alger. Médiéval, turc, maure, tout ce que l'on voudra, mais ni arabe, ni africain surtout !

Dans les villes vraiment arabes comme les *ksour* du Sud, le mystère poignant et ensorcelant de la terre d'Afrique est vraiment sensible. Il réside dans le large espace, dans les basses petites maisons délabrées, très blanches ou de la même teinte que l'espace vague d'alentour, dans toute la lumière et la tristesse morne de l'ensemble.

Alger est gâtée par son abjecte population. La vie contemplative de la rue, cette vie heureuse, calme et féconde que j'aime tant, y est impossible, surtout dans les quartiers où les choses inanimées et quelques êtres seraient à voir...

De plus en plus, je hais, férocement, aveuglément, la foule, cette ennemie née du rêve et de la pensée. C'est elle qui m'empêche de *vivre* à Alger, comme j'ai vécu ailleurs. Ah, sale, malfaisante et imbécile *civilisation!* Pourquoi l'a-t-on apportée et inoculée ici? Non pas la civilisation du goût, de l'art, de la pensée, celle de l'élite européenne, mais celle, odieuse là-bas, effrayante, des grouillements infâmes d'en dessous!

M'sila 29 juin 1902, 2 heures soir.

Hier, 28 juin, à 7 h 50 du matin, par un temps nuageux et menaçant, je suis partie d'Alger... Le voyage, sans arrêt presque, a été rapide comme un rêve. L'heure la plus douce en a été jusqu'à présent celle du voyage de Bordj Bou Arreridj à M'sila, hier dans la nuit, juchée sur la guimbarde de Bou Gettar.

Je suis dans une toute petite chambre d'hôtel « pour attendre le souper » et le départ pour Bou-Saada. La chaleur est étouffante. Depuis les Portes-de-Fer, le sirocco souffle et la contrée ressemble à un bain maure. Le ciel est voilé de cette brume incandescente qu'engendre le *chilé.*

Ici, ville ressemblant, comme végétation, à la nouvelle Biskra, et à la vieille comme construction. Nous sommes dans la nouvelle M'sila, tandis que la vieille, très antique, s'élève avec quelques palmiers échevelés qui lui donnent des airs de *ksour*, derrière l'*oued* pierreux que traverse un pont de fer. Les habitants ont des types du Sud.

La route de Bou Arreridj à M'sila traverse des solitudes tantôt desséchées, tantôt marécageuses, avec, le long de la route, parfois un *oued* sinueux, tout planté de lauriers roses constellés de fleurs. Il règne là une odeur âcre de *chott* et d'humidité.

Il y a par-ci, par-là, quelques villages ruineux, en *toub*, caducs. Au-delà du mi-chemin, il y a un relais de poste qui donne une fausse impression de *bordj* saharien : construction basse, aux angles carrés s'ouvrant par une grande porte à deux battants. Derrière, c'est l'humide chaos de l'*oued*. Sur la route, quelques maisons, même un café français : c'est Medjez.

De Medjez à M'sila, dormi tant bien que mal sur une caisse. Arrivés vers 3 heures du matin. Été au café maure. Course au marché avec Fredj. Déjeuné dans la mosquée fraîche et ombreuse où les mouches sont relativement peu nombreuses. Ensuite, venu ici pour faire la sieste.

Comme toujours, cela me semble un rêve, ce voyage, cette brusque séparation d'avec Ouïha... Pauvre Ouïha sans le sou, dans l'ennui chaque jour croissant d'Alger ! Si au moins je pouvais lui rapporter de ce voyage quelque soulagement !

Je vais essayer de me rendormir encore, pour ne pas être moulue cette nuit.

Bou-Saada, le 1er juillet 1902.

Après une matinée passée en explications avec les

Sid-el-Hokkaïn, nous avons passé l'après-midi dans un jardin appartenant à la *zaouia*.

Bou-Saada est, comme ville, semblable au vieux Biskra, dans un site pittoresque.

M'sila, ville en *toub* coupée en deux par un *oued* au lit profond. Les maisons d'un gris brun ont l'aspect délabré des *ksour*. Quelques palmiers achèvent l'illusion. J'ai gardé de M'sila une vision très doucement poétique.

C'était au *maghreb*, et j'étais allée, seule, attendre Si Embarek près de la mosquée située sur le bord de l'*oued*. Le soleil se couchait dans une brume de sirocco. En face, derrière l'*oued* pierreux aux eaux claires, la vieille ville, avec ses *marabouts* aux formes étranges ressemblant à ceux de l'*oued* Rih'r, ses jardins sombres, prenait des aspects tout à fait sahariens. Après une courte station dans le lit de l'*oued*, nous sortons dans la plaine immense, au vaste horizon vide et calme. La jument de Tahar Djadi est excellente et je ne pus résister à l'envie de la faire courir un peu. Sensation de retour aux jours meilleurs du passé, de liberté et de paix... Le *bordj* des *Tolba* que nous gagnons la nuit tombée est un carré de *toub* d'aspect sauvage et sombre, dans le désert environnant. Soupé, ou plutôt resoupé dehors, contre le mur. Puis, sortie seule dans les ténèbres régnant sur la plaine, sur l'étrange refuge et sur des masures en ruines.

Passé une mauvaise nuit dans la cour, rongée par les puces. Quand je vis la lune se lever, dernier quartier, pâle et baignant dans la brume, je réveillai les *taleb* et nous partîmes. Nous passâmes par des raccourcis arabes, par Saïda et Baniou. De Saïda, nous ne vîmes, dans l'obscurité d'avant l'aube, que des silhouettes noires de maisons en *toub,* sans un arbre, sans un jardin, lugubre dans le désert.

Plus loin, pendant que les *taleb* priaient le *fedjr,* je me suis couchée sur la terre de la *sebkha* qui forme la pointe occidentale du Hodna. Après Si Ah, le *taleb* nous quitta monté sur la jument rouge accompagnée de son fils, gracieux petit poulain bai, trottant aux côtés de sa mère.

Nous repartons seuls, Baniou, un *bordj* sur la hauteur et quelques maisons en *toub.* Allée de peupliers.

Bu, à l'ombre des tamaris, dans du sable jaunâtre, un café plein de mouches et de l'eau boueuse.

Dans la *sebkha,* avant Baniou, brisé de fatigue par la jument grise reprise au *bordj* des Tolba, je suis descendue et ai marché pieds nus, pendant longtemps.

Après Baniou, arrêt à Bir-el-Hadi : maisons de *toub* abandonnées, puits d'eau bonne. La chaleur augmente, continué sur la mule. Bu en route à la *guerba* d'un chamelier.

Bou-Saada apparaît entre les montagnes bleuâtres, avec sa *casbah* sur un rocher, et quelques petites dunes très basses, qui paraissent blanches de loin.

L'arrivée à Bou-Saada : l'*oued* passe autour d'une partie de la ville. D'un côté, vastes jardins murés de *toub.* Dans le lit, lauriers roses étoilés de fleurs. De l'autre, plus élevé, les maisons de la ville, accidentée et pittoresque, coupée de ravins verdoyants et de jardins où, dans le vert sombre des figuiers et des vignes, quelques lauriers roses jettent leur tache rose vif et les grenadiers en fleurs, leur pourpre ardente.

La chaleur, presque brûlante hier par le sirocco, finissant cette nuit par un violent orage, donne à tout ce paysage des aspects particuliers, bien connus et aimés.

Bou-Saada est entourée de hautes collines arides, rougeâtres, qui barrent l'horizon.

Nous sommes descendus sous les arcades de la maison du *cheikh,* près de la justice de paix. En face, il y a un maigre jardin français, clôturé. À gauche, une poudrière et un jardin sauvage, où chantent la nuit les grenouilles. La population, servile envers les *hokkam,* est beaucoup plus grossière et plus brutale que celle du Sahara.

Malgré la forte pluie d'hier, la terre est desséchée. Il y a de beaux chameaux aux attaches fines, de race saharienne, qui viennent s'agenouiller devant la maison du *cheikh.*

Je suis seule, sur une natte, sous les arcades, avec le petit M'hammed, fils de Dellaouï, qui ne me quitte pas d'une semelle.

Ce soir, nous partirons pour El-Hamel... À quand le retour?... Quand reverrai-je Zuizou? Autant de points d'interrogation.

Enfin, je vois que je puis retourner tranquillement dans n'importe quel poste militaire sans ennuis particuliers; seulement, désormais, il faudra aller directement chez les *hokkam,* pour éviter des courses comme celles de ce matin...

L'arbre des plantations officielles est un mûrier très vert et une sorte d'acacia fleurissant en petites boules jaunes.

Enfin, ne fût-ce que comme voyage, je ne regretterai pas d'être venue dans ce coin que j'ignorais encore, et qui est en somme un coin de ce Sud tant aimé. Dans ma situation présente, c'était une chance inespérée que ce voyage relativement lointain.

Le costume des femmes est disgracieux, surtout la coiffure énorme et plate. Ce costume des femmes du Sud, s'il n'est porté avec grâce par une femme grande et svelte, est affreux. Celui du Souf est plus fin et plus joli. Du type féminin, rien à dire : je ne l'ai pas vu. Les fillettes, trop tatouées, ont des faces pâles et sauvages.

El-Hamel, le 2 juillet 1902, pendant la sieste.

Hier soir, après le bain maure, nous avons appris que Lella Zeyneb était rentrée à la *zaouia,* mais la nuit noire, le vent et la pluie nous empêchèrent de partir. Couché sous les arcades.
Réveillé très tôt. Nuit obscure et triste. Resté jusqu'au petit jour à parler avec Sid Embarek, puis, sans café, partis, lui à mule, moi sur un joli jeune cheval blanc.
La route arabe d'El-Hamel passe dans des collines, entre les montagnes assez hautes qui environnent la ville de Bou-Saada. L'*oued* suit de loin cette route et, près de la *zaouia,* baigne des jardins où les palmiers jettent leur coloris particulier. Le village est en *toub* très clair, et semble blanchi à la chaux. Il est assez grand et placé à mi-côte, dominant les jardins et la vallée. *Le* point culminant est occupé par la *zaouia* qui ressemble à une forteresse avec le *dar enneçara* aux volets verts...

Ténès, le 7 juillet 1902.

Voilà... Avec une rapidité déconcertante, tout est de nouveau changé, transformé du tout au tout.
Hier presque, notre séjour à Alger semblait devoir

durer indéfiniment, toujours aussi monotone, fait d'une succession d'impressions moroses, lentes, ennuyeuses et, finalement, produisant l'effet d'une goutte d'eau tombant sans cesse au même endroit, ou d'un bruit, minime en apparence, à peine perceptible, mais finissant par devenir une obsession.

Oh! ces époques de ma vie comme celle de Marseille ou celle d'Alger! comme elles sont noires dans mon souvenir!

Certes, je ne suis pas née pour la vie de tout le monde, pour la vie affolante des grandes villes banales.

De ce voyage, rapide comme un rêve, de Bou-Saada, je suis revenue plus forte, guérie de la maladive langueur qui me minait à Alger... mon âme elle aussi renaît à la vie. Nomade j'étais quand, toute petite, je rêvais en regardant la route, la blanche route attirante qui s'en allait, sous le soleil qui me semblait plus éclatant, toute droite vers l'inconnu charmeur... nomade je resterai toute ma vie, amoureuse des horizons changeants, des lointains encore inexplorés, car tout voyage, même dans les contrées les plus fréquentées et les plus connues, est une *exploration*. En effet, jamais deux êtres – l'exception peut-être existe ? – n'ont vu le même paysage, le même pays de la même façon, sous le même jour, sous la même couleur. L'univers se reflète dans le miroir mobile de nos âmes et avec elles, son image change indéfiniment... Cette idée amènerait à penser que la *vraie* figure de ce grand Univers est à jamais insaisissable et inconnue... Cette figure *absolue* serait en effet la *face de Dieu*...

Le 3 juillet au matin, repris le chemin de Bou-Saada, après une nuit passée dans la grande salle voûtée, dans le silence troublé par le fracas du vent et du tonnerre. Rentré à cheval en ville, visite au capitaine. À midi, parti par la voiture d'Aumale, horrible guimbarde bondée de Juifs.

D'abord, la route est sablonneuse, *drinn* et jujubiers répandus dans la vaste plaine où de basses dunes courent au pied des collines, tout cela a des airs tout à fait sahariens. les premiers arrêts aussi, *bordj* abandonnés croulants, maisonnettes de *toub* et palmiers, donnent l'illusion d'un retour dans le Sud.

Puis, à partir de Sidi Aïssa, la route devient carrossable, le paysage devient montagneux et plus sévère. Passé la nuit à chercher une position à peu près supportable, en vain, d'ailleurs.

Aumale, ville de l'intérieur, verdoyante. Grandes casernes presque inhabitées. Repartis à 10 h 1/2 dans une bonne voiture. Route dans des régions fertiles. Repris le chemin de fer à Bordj Bouira, rentré à Alger le 4 juillet à 7 h 1/2 soir. Le 5, passé la journée en courses. Le 6, à 7 h moins 1/4 du matin, pris le train d'Orléansville. Repris la voiture à 2 heures soir. Arrivé à Ténès à la nuit.

Orléansville, le 17 juillet 1902, 9 h 1/4 soir.

Me revoilà en route... pour l'ennuyeuse Alger. Heureusement que ce n'est que pour quelques jours, pour les affaires de *zaouia* et pour celles de Mme Ben Aben. Après, je retournerai à Ténès, *s'il plaît à Allah !* pour longtemps, car la nomination de Slimène serait le mieux qui puisse nous arriver.

J'ai quitté Ténès par la voiture à 6 heures du matin, par un beau temps clair. J'étais lasse et endormie. Arrivée aux

Trois Palmiers, j'ai trouvé le garde-champêtre et un bon cheval. Monté chez le *caïd* Ahmed. La maison dominant le *douar* de Baghdoura est située sur une haute colline, et la vue est très belle : les coteaux arides du pays africain se succèdent avec leur coloration variée en des lointains très lumineux et très purs. Reparti à cheval. Arrivé vers 6 heures à Orléansville qui est décidément l'une des plus jolies villes de l'intérieur, surtout comme situation. Du côté du nord, elle domine le Chéliff de très haut et de luxuriants jardins l'entourent.

Une fièvre violente s'est emparée de moi depuis mon arrivée et j'ai eu quelques instants de quasi-inconscience... J'ai de la peine à écrire. Pourvu que je ne tombe pas malade à Alger, loin de mon pauvre Zuizou chéri!...

Cette arrivée à Orléansville et ma disposition (présente) d'esprit me rappellent les souvenirs d'autres arrivées, jadis, en d'autres endroits, et je ressens les impressions ambiantes à la façon de jadis, ce qui est très consolant.

Douar Main (Ténès), le 25 août au soir.

Je suis assise sur une colline aride, en face de la vallée et du chaos des coteaux et des montagnes noyées de brume d'un gris de lin. Les hautes montagnes qui ferment l'horizon se détachent en gris sur le rouge orangé du couchant. Grand calme sur le pays bédouin que les quelques sons diffus du *douar* disséminé dans la montagne ne troublent pas : aboiements de chiens, cris d'hommes qui sont venus se plaindre. À droite, au-delà des gorges, une échappée de mer, imprécise, que l'on devine au vide de l'horizon.

À gauche, au sommet d'une colline pointue, dans un épais fourré de lentisques, quelques pierres noirâtres, cachées, qui sont un lieu de pèlerinage : c'est le tombeau d'un marabout La nuit tombe et les bruits se taisent...

Ténès, jeudi 18 septembre 1902, 9 heures matin.

L'automne vient. Un grand vent s'est mis à souffler souvent, et le ciel se couvre de nuages gris. Il pleut aussi parfois. Le vent gémit, comme jadis la bise, là-bas. Notre vie continue monotone, et serait supportable sans l'éternelle question d'argent. Cependant ici, il y a au moins la sécurité du strict nécessaire.

Si ce n'était la rancœur du milieu qu'il faut côtoyer et les intrigues petites et vulgaires, nous serions, relativement aux deux dernières années, assez heureux. Ce qui empoisonne Ténès, c'est le troupeau des femelles, névrosées, orgiaques, vides de sens et mauvaises. Naturellement, ici comme partout ailleurs, la haine du vulgaire me prend pour cible. En elle-même, toute cette boue m'est indifférente, mais elle m'ennuie, quand elle tend à se rapprocher, à monter jusqu'à moi. Il y a d'ailleurs la ressource précieuse du départ, de l'isolement sur les grandes routes dans les tribus, dans la grande paix des horizons d'azur ou d'or pâle.

Ici, j'ai fait beaucoup de courses, aux Maïn, aux Baghdoura, à Tarzout, au cap Kalax, aux M'gueu... Autant d'échappées sur la campagne, sur le repos du pays bédouin, très vaste encore.

Au moral, ces derniers jours sont gris, et, chose étrange,

comme presque toujours maintenant, Ouïha partage mon état d'esprit. Sa santé m'inquiète. Enfin, peut-être qu'avec un traitement régulier, il guérira définitivement. S'il pouvait être nommé *caïd* et si nous nous en allions dans un *douar* loin de la stupidité de Ténès, au grand air pur de la montagne, avec beaucoup de repos et de bien-être, il serait certainement heureux. Au point de vue littéraire, ces derniers jours sont perdus. Je suis tombée dans une sorte de marasme qui ne me permettait aucun effort. Aujourd'hui, cela commence à mieux aller, mais, ce soir, je partirai sans doute pour le grand *taâm* annuel de Sidi Merouan. Je pourrai faire du compte-rendu de la fête le sujet de mon prochain article pour les ingrates *Nouvelles*. Le site et le sujet se prêtent à ce travail. Impressions d'automne mélancoliques. Ces jours derniers, ma santé, qui s'était si bien remise, fléchit de nouveau. Est-ce le physique qui a influencé le moral, ou *vice versa* ?

Maïn, le 21 septembre 1902, 10 heures soir.

De nouveau, l'incommensurable stupidité de l'administration algérienne s'en prend à moi : le commissaire a reçu une lettre d'Alger. Que pourraient-ils faire de plus que ce qu'ils ont fait déjà ? Dans tous les cas, les petites gens de Ténès ont fait un rapport. *(ar.) Maudits par leur père : le chien !*

Je suis ici, dans une petite chambre propre. Il n'y a qu'un inconvénient : derrière la fenêtre, un bouc ne cesse de crier et de sauter avec des chèvres. Peut-être s'endormira-t-il enfin…

J'ai fait la route seule, avec un ciel clair et un grand vent. Elle est longue, cette route des Maïn, avec de grands horizons bleus, et pas monotones, à travers les montagnes et les *oued*.

De Sidi Merouan, j'ai rapporté un souvenir d'entre les bons.

Chose étrange et en contradiction, apparente au moins, avec tout leur caractère : les indigènes instruits prennent facilement une femme comme moi pour confidente et parlent avec elle comme certainement ils ne parlent à aucun homme : témoin notre entretien, à Si Elbedrani et à moi, la nuit du taou sur le bord du chemin, dans la clarté bleue d'avant l'aube...

Main le 22, à 2 heures soir.

Je suis seule, dans la petite chambre ; comme toujours *subitement,* sans cause appréciable, le lourd ennui de ces jours derniers s'est envolé et a fait place à la mélancolie féconde et bienfaisante.

Je viens de relire ces journaliers de jadis. Certes, la vie présente, c'est le bonheur en comparaison de celle des années écoulées, même de Genève. Comparer ces jours avec ceux de Marseille !

Un grand silence, que l'on sent éternel, règne ici. Je voudrais venir y vivre (ou dans un endroit semblable), pendant des mois, et ne plus rien voir de la laide humanité européenne, que je hais de plus en plus, que je méprise surtout.

À Ténès, il n'y a que l'ami Arnaud avec lequel j'éprouve

du plaisir à causer. Lui aussi, d'ailleurs, est honni de la bande de Philistins prétentieux qui s'imaginent être quelqu'un parce qu'ils portent un pantalon étriqué, un ridicule chapeau, voire un képi galonné!

Malgré tous leurs défauts et toute l'obscurité où ils vivent, les plus infimes bédouins sont bien supérieurs et surtout bien plus supportables que les imbéciles Européens qui empoisonnent le pays de leur présence.

Où les fuir, où aller vivre, loin de ces êtres malfaisants, indiscrets et arrogants, s'imaginant qu'ils ont le droit de tout niveler, de tout rendre semblable à leur vilaine effigie?

Je vais écrire à Chalit, à Naplouse, et étudier la question d'une transplantation là-bas, en Palestine, le jour – proche sans doute – où je toucherai l'argent de l'*Esprit blanc*.

Fuir l'Europe, même transplantée et aller, dans un pays arabe, semblable sans doute à celui que j'aime, revivre une autre vie... Peut-être cela se fera-t-il encore! *(ar.) Dieu connaît les choses cachées et la sincérité des témoignages.*

Ténès, le 26 septembre 1902, 9 heures du soir.

L'année touche à sa fin, et ce registre aussi. Où serons-nous, dans un an, à pareille époque, au moment des premières pluies, quand la campagne revêtira son voile de pâle tristesse, pour l'assoupissement de l'automne et quand les asphodèles blancs refleuriront, le long des chemins tortueux? Pas à Ténès, probablement. Il nous semble peu durable ce séjour ici, à tous les deux.

Comment se fixera définitivement notre destinée et se fixera-t-elle jamais !

El Oued est le seul pays où j'accepterais de vivre indéfiniment, toujours...

Il pleut et il fait froid. La santé d'Ouïha m'inquiète par ce temps défavorable...

Le voyage de Bou-Saada se rapproche... Encore un retour vers le Sud, vers les dattiers et le sable, vers les horizons gris.

Alger, le mercredi 13 octobre 1902, 5 h soir.

Voici dix jours que je suis ici, loin de la paisible demeure de Ténès, loin du doux petit compagnon de ma vie... Je suis triste, de la féconde tristesse qui donne naissance à la pensée... Et, chose étrange, je commence à mieux voir ce pays, à en goûter la splendeur particulière.

Le grand golfe s'étend, uni comme un miroir, d'un bleu un peu gris. Là-bas, l'autre rive est violette avec ses maisons roses... Une grande paix règne ici, sur la colline de Mustapha.

Hier, la nuit de lune était d'une splendeur unique. La clarté bleue semblait venir d'en bas, comme une aube qui fût montée de dessous la mer transparente, de dessous la campagne obscure où seules les blanches villas bleuissaient... Grande tristesse, hier soir... Aujourd'hui, tristesse calme. Je traverse de nouveau une période d'incubation qui fut très douloureuse aux débuts, aggravée par la maladie... À présent, l'éclosion est bien proche. Heureusement, je puis écrire.

Peut-être cet hiver me faudra-t-il aller en France, pour cette très importante question de reportage pour les insurgés de Margueritte. Oh! si seulement je pouvais dire tout ce que je sais, tout ce que je pense là-dessus, toute la vérité! Quelle bonne œuvre qui, continuée, deviendrait féconde et qui, en même temps, me ferait un nom! En ceci, Brieux avait raison : commencer ma carrière en me posant carrément en défenseur de mes frères, les musulmans d'Algérie.

Quand retournerai-je là-bas ? Je ne le sais. Il me faut au moins encore huit jours de présence ici. Puis, là-bas, beaucoup de travail. Il faudra faire la brochure, faire probablement un article par semaine pour *La Dépêche,* préparer peu à peu un volume de nouvelles pour le jour où, après le procès de Margueritte, mon nom sera un peu connu à Paris. Comme cela, cet hiver, j'aurai fait un grand pas vers le salut et la paix, pour que nous puissions, mon Ouïha et moi, continuer plus tranquillement notre rêve paisible jusqu'à l'heure prédestinée.

Ah, Maman! ah, Vava! Voyez votre enfant, *l'unique,* le seul qui vous ait suivis et qui, au moins après la tombe, vous honore! Je ne vous oublie pas. Si votre pensée n'est pas, comme jadis, constamment présente à mon esprit, c'est que la lutte est dure et rude, que j'ai trop souffert. Mais votre cher souvenir ne me quittera jamais. Aux pires heures de détresse, n'est-ce pas vous que j'ai invoqués ?

Alger, jeudi 30 octobre 1902.

Encore, la maladie est venue me torturer et me troubler... Mais cela sera tout à fait passé, après-demain, quand je partirai pour Ténès... Enfin...

Après de longs jours d'affreuse tempête, de pluie et de vent, pendant lesquels Ouïha était ici, le soleil a fait sa réapparition et un temps de printemps sourit sur la campagne ranimée... Cette Algérie d'Alger en automne a sa douceur, langoureuse, mélancolique, aimable. Là-bas, dans les montagnes du pays chelha, cela doit être presque l'hiver déjà... Paysages plus austères et plus tourmentés, gens plus simples, vie retirée et silencieuse, loin des tracas d'ici... Je commence à regretter tout cela, et surtout la bonne jument Ziza et les longues courses solitaires.

Pourvu que nous puissions nous tirer des dettes que nous avons contractées pour cet hiver, et tout ira bien ! Beaucoup de travail occupera la monotonie des heures de cet hiver...

Mais il ne nous reste qu'à louer Dieu et Djilani de l'amélioration absolue de notre situation comparativement à l'hiver dernier et à ce printemps 1902, ici à Alger.

Le *Ramadane* aux doux souvenirs mélancoliques d'El Oued viendra bientôt... Il faut rentrer dans la *tarika* par le *dikr* et la prière. Admirable hygiène morale et intellectuelle !...

Le 23 novembre 1902, 3 heures soir.

Ténès, le 1ᵉʳ décembre 1902, lundi 10 heures soir.

Vendredi matin par un beau temps clair et limpide, je suis partie pour le *douar* des Herenfa, tout là-bas, à la limite du département d'Oran. Jusqu'au pittoresque marché de Bou Zraya, eu pour compagnon Elhadj Lakhda ben Ziou, individu sombre et fort peu intéressant. La route de Trois Palmiers à Fromentin passe au-dessous des hauteurs de Baghdoura. Elle est ravinée et traverse des *oued* torrentueux. Les ponts mal bâtis s'écroulent et, bientôt, il n'y a plus qu'un sentier arabe. À un certain point, il passe au pied d'une colline surmontée d'une falaise à pic, en forme d'angle aigu. Le sol de la falaise est d'un brun rouge de très belle teinte chaude et tout ce site a une grande allure. Fromentin apparaît un moment au loin entre deux montagnes ou plutôt deux hautes collines. C'est un village planté d'eucalyptus et de construction récente, sans caractère, comme tous ces villages construits sur les terrains pris aux pauvres *fellah* qui y travaillent maintenant aux conditions draconiennes du *khammesat* français. Le paysan se plaint, mais supporte son sort très patiemment. Jusqu'à quand ?

Nous obliquons à droite. Le *caïd* des Beni-Merzoug habite des *gourbi* sur une côte basse dominée par la colline d'aspect saharien appelée Mekabrat el Mrabtine, du nom de la fraction des Mrabtine dont les femmes sont presque toutes prostituées et sur lesquelles on raconte d'étranges histoires d'ensorcellement. Deux *koubba* blanches, le corps du bâtiment oblong, très bas, surmonté d'une haute coupole ovoïde. L'une des *koubba*, celle du sommet de la colline, est neuve. L'autre, située plus bas, tombe en ruines. Les tombeaux, amas de pierres ou poteaux se pressent alentour, dévalant vers les champs des colons.

N'ayant pas trouvé le *caïd,* nous revenons, son fils et moi, à Fromentin, où l'on ne me trouve d'autre guide qu'un idiot nommé Djellouli Bou Khalem. Nous partons et commençons à errer inutilement. Il ne connaît pas la route. Nous descendons, par un chemin très accidenté, vers un vieux grand *bordj* en ruines, solitaire, que le *caïd* va raménager. Plus loin, c'est une vallée où se trouve la *mechta* du garde champêtre des Beni-Merzoug, étrange figure d'oiseau de nuit. Puis, interminablement, nous suivons l'*oued* Merzoug. Le soleil se couche quand nous arrivons aux Herenfa. L'*oued* est large et pierreux, au fond d'une vallée fermée par des collines glaiseuses, jaunâtres. Quelques *bordj* sont disséminés dans le pays accidenté, comme est toute cette région de Ténès. Les *gourbi* du *caïd* sont à gauche, sur le bord d'un affluent de l'*oued*. À l'horizon se dresse, au-dessus de la grande plaine unie, d'aspect marin, du Chelif, le grand massif bleu pâle de l'Ouarsenis, le pic et son singulier contrefort en forme de terrasse allongée. Au-dessous des *gourbi,* les tas de pierres du cimetière, puis les méandres de l'*oued* pierreux. Le lendemain après-midi, nous sommes allés à la fraction des Ouled Belkassem à une heure un quart de route. Cette fraction, un *bordj* mineux et une *mechta* entourée d'une haie d'épines, est dans un site splendide. Toute la plaine du Chelif et de l'*oued* Sly s'étend, dominée par l'Ouarsenis royal. Vers la gauche, Orléansville apparaît comme une oasis de verdure noire. Vers la droite, les premières plaines de l'Oranie s'étendent à perte de vue. Plus près, les collines argileuses des Herenfa et, à gauche, celles, boisées et plus sauvages, des Ouled Abdallah. Ce qui nous amène est triste, et, sauf l'admirable panorama qui s'ouvre de là-haut, j'ai rapporté de cette partie de mon petit voyage une impression sinistre : nous sommes allés là-bas pour voir une petite fille brûlée vive dans des circonstances singulières et dont personne ne connaîtra jamais le secret.

Une grande paix règne sur ce pays éloigné, perdu, loin de tout contact européen. Coin de repos, encore, où l'on peut fuir l'envahissante laideur bête de la civilisation... Station à la tombée de la nuit dans le *bordj* d'un *cheikh* de fraction Djilali Mokhtari ; salle en plâtre ressemblant, sauf le plafond en poutres non équarries, aux demeures du Souf.

Dimanche matin, vers 7 heures, départ par une autre route au sommet des collines. À certains endroits, avant d'arriver à la borne frontière des Beni-Merzoug, le sol est de sable fin, jaunâtre comme celui de Bou-Saada et planté de buissons d'*ar'ar* sur des monticules, comme toutes les végétations des terrains sablonneux, délavés par les pluies. Le ciel se couvre, et, quand nous arrivons aux Beni Merzoug, il pleut à verse, avec le grand vent d'ouest glacé qui ébranlait notre *gourbi,* la nuit précédente. J'arrive gelée dans le *gourbi* de la *djemaâ* où on inscrit les emprunteurs de la Société de prévoyance. Le *gourbi* coule. On m'apporte un *kenoun*. Déjeuner dans un coin de l'écurie à côté d'un grand feu clair. Repartie seule, par une pluie torrentielle. De 11 à 6 heures du soir, trotté sous la pluie et le vent. Comme elle est triste, cette longue route déserte de Fromentin à Cavaignac ! Sous le ciel noir, elle semblait lugubre, serpentant indéfiniment très haut, au sommet des collines…

Rapporté de cette longue course de bons souvenirs. Une fois de plus tout à coup, j'ai eu une inspiration que je crois heureuse. Je cheminais lentement sous le soleil, sur la route de Baghdoura à Fromentin, et je déjeunais d'une délicieuse galette du marché, sentant la fumée, et de figues sèches que m'avait données mon compagnon d'occasion dont j'ignore jusqu'au nom : écrire un roman, le roman original et mélancolique d'un homme – mon propre type – vivant de la vie de Voudell, mais musulman et semant partout la graine féconde du bien. L'affabulation serait à trouver, simple et forte…

Aujourd'hui a commencé le *Ramadane,* cette période de l'année si spéciale, si emplie de sensations étranges et, pour moi, de souvenirs chers et mélancoliques. C'est le troisième depuis le jour où nos deux destinées, à Ouïha et à moi, se sont unies… Et nous sommes plus heureux d'être ensemble et de nous aimer. Ces trois années de souffrances accumulées ou lentes, brutales ou lancinantes nous ont rapprochés plus que n'eussent pu le faire dix années de prospérité. Pour le moment, notre vie est calme et sans inquiétude immédiate. *(ar.)* « *Louange à Dieu qui nous a délivrés!* »

Le 11 décembre, 7h 1/4 soir.

Départ avec Mohammed ben Ali.

« Autre chose est de savoir que quelque part, très loin, certains hommes s'occupent à en torturer d'autres, à leur infliger toutes les variétés de la souffrance et de l'humiliation, et autre chose est d'assister, durant trois mois, à cette torture, de voir journellement infliger ces souffrances et ces humiliations. » (Tolstoï, *Résurrection.*)

Alger, le 25 décembre 1902, midi 1/2.

Le passé et les anniversaires de Noël sont bien loin... Tout cela ne fera peut-être bientôt plus vibrer mon cœur. La nostalgie du passé, maintenant, ne remonte plus chez moi au-delà du Souf. Dans le passé plus récent, le souvenir le plus singulièrement, le plus mystérieusement mélancolique est celui de cette course au Dahra, la première nuit surtout, dans le silence troublé à de longs intervalles par les cris des chacals dans la montagne.

Ici, ma disposition d'esprit est plutôt grise et cette fin de *Ramadane* qui eût été, sans le *Mektoub* toujours fantasque envers moi, très douce là-bas, à Ténès d'où j'ai fui, se meurt en une tristesse profonde, presque sans charme.

La chose la plus difficile, la seule difficile peut-être, est de *s'affranchir* et encore bien plus de *vivre libre.* L'homme tant soit peu libre est l'ennemi de la foule qui le persécute systématiquement, le traque dans tous ses refuges. Je ressens une croissante irritation contre la vie et les hommes qui ne veulent pas laisser les exceptions subsister et qui acceptent l'esclavage pour l'imposer aux autres. Où est la Thébaïde lointaine où l'imbécillité des gens ne me retrouverait plus et où, aussi, mes sens ne me troubleraient plus ?

Le même jour, 11 heures soir.

De plus en plus mon ennui et mon mécontentement des choses et des gens augmentent... mécontentement de moi-même aussi, car je n'ai pu trouver un *modus vivendi* et je crains fort qu'avec ma nature il n'y en ait point de possible.

Il n'y a qu'une chose qui puisse m'aider à passer les quelques années de vie terrestre qui me sont destinées : c'est le travail littéraire, cette vie factice qui a son charme et qui a cet énorme avantage de laisser presque entièrement le champ libre à notre volonté, de nous permettre de nous extérioriser sans souffrir des contacts douloureux de l'extérieur. C'est une chose précieuse, quels qu'en soient les résultats au point de vue carrière ou profit, et j'espère qu'avec le temps, acquérant de plus en plus la conviction *sincère* que la vie réelle est hostile et inextricable, je saurai me résigner à vivre de cette vie-là, si douce et si paisible. Certes, je ferai encore beaucoup d'incursions dans le morne domaine de la réalité... mais je sais d'avance que je n'y rencontrerai jamais la satisfaction cherchée.

Actuellement, j'irai probablement, les cinq jours du *Ramadane* passés, à Médéah et à Bou-Saada. Ce sera un voyage, une diversion dans la monotonie ambiante. Puis, j'irai jusqu'à Biskra où je retournerai, à la dernière *seguia* de l'oasis, jeter un coup d'œil nostalgique sur la route du Souf et de l'*oued* Rir'r hallucinant, sur la route du passé... révolu et bien fini, hélas, à tout jamais !

De nouveau mon âme traverse une période de transition, d'incubation. De nouveau, elle est en train de se modifier et, probablement, de s'assombrir encore et de s'attrister… Si cette progression dans le noir continue, à quel résultat effrayant dois-je arriver un jour ?

Il y a cependant, je crois, un remède, *(ar.) mais celui-là revient à la religion de l'Islam,* en toute humilité et en toute sincérité.

Là je trouverai l'apaisement final et la joie du cœur. L'atmosphère trouble et mixte, pour ainsi dire, où je vis, ne me vaut rien. Mon âme s'y étiole et s'y replie sur elle-même pour de navrantes constatations.

Le jeudi soir 11 décembre comme il avait été décidé, je suis partie au clair de la lune de *Ramadane,* pour ce voyage au Dahra. J'y allais par acquit de conscience, avec la conviction de n'aboutir à rien, car le don de prescience s'affirme de plus en plus en moi…, don qui serait précieux s'il nous était donné de changer quelque chose au cours inéluctable des choses… mais, hélas, ce don-là est douloureux car inutile, puisqu'il ne permet pas de modifier quoi que ce soit aux circonstances, mais seulement de savoir d'avance l'inutilité désespérante de telle ou telle tentative que ma raison m'oblige quand même à faire.

La soirée était claire et fraîche. Un grand silence régnait dans la ville déserte et nous filâmes comme des ombres, le cavalier Mohammed et moi. Cet homme, si bédouin et si proche de la nature, est mon compagnon de prédilection, parce qu'il cadre bien avec le paysage, avec les gens… et avec mon état d'esprit. De plus, il a, inconsciemment, la même préoccupation que moi des choses obscures et troubles des sens. Il veut ce que je comprends et il le sent certes plus intensément que moi, justement parce qu'il ne le comprend pas et ne cherche pas à le comprendre. À Montenotte et Cavaignac, stations au café maure.

Au-delà de Cavaignac, nous quittons la route carrossable et nous nous engageons dans le dédale enchevêtré de cet inextricable pays de Ténès. Nous traversons des *oued,* nous grimpons des côtes, nous dévalons dans des ravins, nous côtoyons des cimetières…

Puis, dans un désert de *diss* et de *doum,* au-dessus d'un bas-fond sinistre d'aspect saharien où les buissons sont haut perchés sur des tertres, nous mettons pied à terre et nous mangeons… pour manger et nous reposer. À chaque bruit, nous nous retournons dans l'insécurité du lieu. Puis, j'aperçois une silhouette vague, blanche contre l'un des buissons, dans le bas-fond. Les chevaux s'agitent et ronflent… qui est-ce ? Il disparaît, et quand nous passons par là, les chevaux manifestent de l'inquiétude.

Puis, la route suit une vallée étroite, coupée d'*oueds* nombreux. Les chacals hurlent très près. Plus loin, nous grimpons, suivant le flanc de la montagne qui sépare cette région de la mer et nous arrivons à la *mechta* de Kaddour-bel-Korchi, le *caïd* des Talassa.

Le *caïd* n'y est pas et il nous faut aller plus loin, par des sentiers affreux. Nous trouvons, au commencement de la terre de Baach, le *caïd* dans la *mechta* d'un certain Abd-el-Kader ben Aïssa, avenant et hospitalier. Nous prenons là notre second repas et, quand la lune est couchée, nous repartons pour Baach, par des chemins bordés de fondrières, boueux et pleins de pierres roulantes… À l'aube, le *bordj* de Baach, le plus beau de la région, nous apparaît très haut sur une colline pointue, très semblable à un *bordj* saharien…

Alger, le 29 décembre 1902, 2 h 1/2 matin.

Quelle étrange impression de rêve – est-il agréable ? je ne saurais le dire ! – me produit cette vie à Alger, vie plutôt nocturne avec la lassitude du *Ramadane* finissant !

Ce *Ramadane !* Les premiers jours là-bas, à Ténès, eurent cette douceur particulière à ce mois *en famille*. Étrange famille que la nôtre, réunie et composée par le hasard, Slimène et moi, et BelHadj de Bou-Saada et Mohammed, mi-partie du Souf inoublié et de ces poétiques coteaux de Charir qui dominent la baie azurée et la route de Mostaganem...

Le 31 décembre 1902, minuit.

Encore une année qui a fui... Une année de moins à vivre... Et j'aime la vie, pour la curiosité de la vivre et d'en suivre le mystérieux.

Où sont les rêves envolés, les rêves azurés de jadis, là-bas, en face du Jura neigeux et des grands bois de chênes ? Où sont les êtres chers qui ne sont plus ? Bien loin, hélas !

Jadis, j'envisageais – depuis très tôt – avec terreur l'échéance de la mort des chers vieux aimés – Maman et Vava... Et cela me semblait impossible qu'ils meurent ! Et maintenant, depuis cinq ans, Maman dort, par un hasard dont ils ont tous deux emporté le secret dans la tombe, parmi des sépultures musulmanes, dans la terre d'Islam... Depuis tantôt quatre ans, Vava et l'inexpliqué Volodia reposent dans la terre d'exil, là-bas, à Vernier... Tandis qu'à Bône, autour de la tombe de Maman, les fleurs de l'hiver algérien s'épanouissent; là-bas, les deux tombes sont sans doute couvertes de neige...

Et tout est anéanti. La maison fatidique et sans chance passée en d'autres mains... Augustin, rayé de l'horizon de ma vie qu'il occupa pendant tant d'années, disparu sans doute pour jamais... Tout ce qui était alors, fauché, anéanti, aboli à tout jamais... Et moi, depuis quatre ans, j'erre et je souffre seule dans la vie, avec pour seul compagnon de route celui que je suis allée chercher là-bas, dans le Souf immaculé, pour adoucir ma solitude, pour ne plus me quitter *s'il plaît à Allah!*

Des modifications profondes se sont produites en moi, même ces derniers temps encore, dans ce prestigieux mois de *Ramadane* qui finissait hier dans le mystère doux, aux mélancoliques impressions de la prière de l'*icha* de la mosquée Hanefite.

Tout passe, même ce qui nous semble éternel...

(ar.) « *Tous ceux qui sont sur la terre sont mortels,* et seul subsistera le visage de ton Dieu vénérable! »

Que nous réserve cette année ? Quelles nouvelles espérances et quelles nouvelles désillusions ? Malgré tous les changements, il fait bon avoir à soi un cœur aimant, des bras amis où se reposer des luttes où la menteuse civilisation a ramené le combat de la ne...

Que fait-il et à quoi songe-t-il, là-bas, loin de moi, le compagnon de ma vie ? Là encore, même à cela je dois répondre *Dieu sait.*

Alger, le dimanche 9 janvier 1903, minuit.

Il ferait bon mourir à Alger, là, sur la colline de Mustapha, en face du grand panorama à la fois voluptueux et mélancolique, en face du grand golfe harmonieux à l'éternel bruissement de soupirs, en face des dentelures lointaines des monts de Kabylie... Il ferait bon mourir là, doucement, lentement, par un automne ensoleillé, en se regardant mourir, en écoutant des musiques suaves, en respirant des parfums avec lesquels, subtile comme eux, notre âme finirait de s'exhaler, en une volupté lente, infiniment douce de renoncement, sans affres ni regrets.

Après plusieurs jours de morne tristesse, de sombre angoisse, je renais à la vie. Tout dans ma vie présente est provisoire et incertain... Tout est vague et, chose étrange, cela ne me fait plus souffrir.

Qui sait combien durera cette vie à Alger, qui sait à quoi elle aboutira ? Qui sait où je serai demain ? Peut-être irai-je dans très peu de jours à Médéah et à Bou-Saada. Encore un retour vers le Sud, vers le sable, vers la terre bénie où le soleil de feu promène sur la terre stérile l'ombre bleue des palmiers. Puis, sans doute, je reviendrai ici, pour plus de travail et de lutte — cette dernière, composée de bien petites phases, m'ennuie.

Après, et ce sera presque le printemps, je retournerai là-bas, à Ténès. Ce que je voudrais, dans les conjonctures présentes, ce serait vivre là-bas, à Ténès, d'une vie libre et paisible, chevaucher en poursuivant mon rêve de tribu en tribu.

Bou-Saada, 28 janvier 1903, mercredi 12 h 1/2 soir.

Quitté Alger lundi 26 à 6 heures par un temps clair. Pluie depuis Bouira jusqu'à Beni Mansour. À Beni Mansour, monté dans le train des Ziar se rendant à Mansoura (M'sila). Arrivé à Bordj bou Arréridj vers 3 heures. Été chez Si Brahim Soufi, puis chez l'administrateur. Parti à 5 heures par le courrier de M'sila. Dormi en route. Arrivé vers 3 heures matin. Passé le reste de la nuit au café dans la chambre des *habou*. Parti de M'sila le 27 à 8 h 1/2 matin, à cheval avec Si Sakhdar Kadri. Arrêt à Chellal vers 11 heures. À Banjou vers 2 heures. À Bir Graad vers 3 heures. Arrivée à Bou-Saada à 7 h 1/2 soir, descendu au bain maure. Ce second retour vers le Sud est donc réalisé. Plus que jamais, je ressens vivement ici peser cette étrange lourdeur mystérieuse, vaguement menaçante, qui accable tous les territoires de commandement ; c'est quelque chose d'indéfinissable, mais de sensible pour celui qui connaît les dessous… il y a tant d'équivoques, de sous-entendus, de mystères…

Malgré la fatigue du voyage, le manque de sommeil et de nourriture, je garde du voyage, depuis Beni Mansour, une bonne impression. Les Ziar, braves gens simples, chantaient les *meddah* de leur saint aux sons alternés de la *gasba,* de la *zorna* et du *bendar*. Le train s'en allait ainsi, dans la gaîté du soleil retrouvé…

Je n'ai pu voir M'sila comme il faudrait… Mais la route, la belle route déserte, m'a fait revivre les jours envolés de jadis, la joie de retrouver l'horizon vide et calme de la grande plaine. L'illusion serait complète dans le Hodna, s'il n'y avait la ceinture de montagnes qui ferme la plaine. Cependant vers l'est, les contreforts de la chaîne désertique se reflètent dans le *chott* inondé et, à gauche de la dune, une porte s'ouvre, vaste, large, sur l'infini trouble de l'eau et du ciel.

Chellal, triste hameau en *toub,* misérables masures dans un bas-fond inondé, où règne une âcre senteur iodée et salpêtrée.

La population indigène est composée de Ouled Madhi et de Hachem, peu sympathiques. Le *maghreb* a été superbe, avec les montagnes se profilant en noir bleuâtre sur le rouge doré du ciel. Ces montagnes de Bou-Saada sont bien étranges, avec leurs contours géométriques et leurs terrasses inclinées.

Aujourd'hui, après les courses du matin au bureau arabe, été vers 1 heure me promener dans la *dechra,* la ville arabe et dans l'*oued* où les lavandières arabes jettent des taches bleues ou surtout rouges d'une vivacité de tons chauds inouïe. Sur les collines environnantes, rien n'a reverdi. Elles sont toujours aussi menaçantes et nues qu'en été.

Cette après-midi, disposition d'esprit toujours grise qui passe à présent. Inaptitude à bien voir.

Demain matin, je vais à El-Hamel. Mon voyage pour Boghari semble décidé. Il s'effectuera par un coin de pays bien ignoré, Had Sahari, dont le nom me plaît et qui est bien perdu, en plein pays arabe. Demain soir, à El-Hamel, reposée, je noterai mieux que ce soir mes remarques. La fatigue physique et le manque de nourriture jusqu'à ce soir m'ont beaucoup épuisée. La trotte d'El-Hamel me préparera au long voyage de Sahari et de Boghar...

Il paraît qu'on ne me persécute plus : on dit ne pas avoir été prévenu de mon arrivée et on s'est montré fort aimable, même le commandant... Gens d'ombre et de mystère !

Le désordre le plus complet semble régner à El-Hamel, et tout va à la dérive.

El-Hamel, le jeudi 29 janvier 1903, vers 4 h soir.

Provenance de Sidi Mohammed Belkassem : dans les temps anciens des Chorfa, des Ouled Sid Ali, fraction des Ouled Bou Zid, du Djebel Amour, revenant de La Mecque, au nombre de trois frères, passèrent dans cette région. L'un continua sa route vers l'ouest, tandis que les deux autres s'établirent sur le flanc de la montagne et fondèrent El-Hamel.

Par un temps clair et lumineux, parti vers 2 heures pour El-Hamel. L'ennui des jours passés s'est un peu dissipé, presque entièrement. Sans doute au retour, je verrai mieux Bou-Saada.

Chose étrange, et que j'ai remarquée depuis longtemps, je ne puis bien voir un pays dès les premiers jours de mon arrivée. J'éprouve toujours une sorte de malaise vague et d'ennui.

Cependant, aux premiers jours de ma vie errante, il n'en était point tout à fait ainsi. Cela va en s'accentuant, ce qui est étrange, puisque ma vie se fait de plus en plus nomade, relativement, et l'habitude devrait venir.

La route, sortant de Bou-Saada, s'engage dans les terrains pierreux et stériles, où ne poussent que l'*ar'ar* désertique et les buissons rampants, épineux, gris, que seuls les chameaux broutent. Les collines d'un gris ocreux sont ravinées, stratifiées parfois de haut en bas de rayures blanches. Le tableau est âpre et pauvre. Sur la route, au-delà du jardin appartenant au bureau arabe, et gardé par un Arabe logeant dans un *bordj* en *toub* délabré, s'échelonnent les deux stations de *tolba*. L'une est un *bordj* solitaire, perché sur une colline qui domine la route. L'autre, en contre-bas de celle-ci, est une agglomération de quelques petits *bordj* en *toub* sur une aire battue dominant l'*oued* et un jardin de dattiers dans une échancrure du lit profond. Enfin, à un tournant, El-Hamel apparaît, divisé en deux. Il est bâti sur deux collines. La première, presque conique, supporte le village des Chorfa, d'un grand caractère saharien, tout en *toub* foncé. Sur l'autre, plus haute, s'élève la *zaouia*, qui ressemble à une forteresse avec son revêtement de *toub* très clair, presque blanc.

Le même jour, 6 heures soir.

Un grand silence lourd règne ici, à peine troublé parfois par les bruits du village et de la *zaouia*, les aboiements lointains des chiens ou le rauquement sauvage des chameaux.

El-Hamel! Comme ce nom est bien donné à ce coin de vieil Islam, si perdu dans la montagne nue et sombre, et si voilé de lourd mystère.

À présent que la raison toute matérielle du pesant malaise où j'étais plongée ces jours derniers m'est révélée, cela va mieux, et j'espère beaucoup du retour à Bou-Saada et du lointain voyage à accomplir vers l'ouest.

Je suis assise sur mon lit, près de la cheminée de la grande salle voûtée. Avec cette flamme gaie et ce lit à terre, la chambre a pris un air de gaieté et de confortable, qu'elle n'avait pas ce soir.

Pour en finir avec la description du pays, vu de la route, El-Hamel est placé juste au pied d'un haut massif dont le sommet principal est un cône aigu. À gauche, les collines chaotiques, lépreuses, tantôt des dos arrondis, tantôt des pitons isolés, sur les vallées infertiles. Du côté de l'*oued,* surnommé El Mogtaa, il y a les vastes jardins des *habou* et des Chorfa, où les essences à feuilles caduques, actuellement dénudées et d'un violet noirâtre, se marient étrangement aux dattiers toujours verts.

Un dédale de petits murs en briques de *toub* s'entrecroise dans les jardins plantés au hasard des renflements du terrain accidenté. Sur le bord de la route s'ouvre, au village, quelques boutiques enfumées, des teinturiers, des *sekakri*. Ici, comme dans tous les *ksar,* les maisons très variées de forme, mais de couleur monotone participant du sol lui-même, se chevauchent les unes les autres, formant des angles, des ruelles, des passages étroits ou voûtés. Dans le lit de l'*oued,* la route passe sous deux basses voûtes creusées dans l'argile rougeâtre et pierreux. Pour y passer à cheval, il faut se courber. À droite, El-Hamel, à gauche, le grand cimetière, vraie vallée de Josaphat aux innombrables pierres dressées, puis, sur la hauteur faisant face à la *zaouia,* le *bordj,* également en *toub,* du *caïd* El-Haïdech.

Il y a ici une trentaine de familles des Ouled Mokran qui vivent entièrement aux frais des *habou*…

L'« hôtel », grand bâtiment carré, a une cour intérieure, profonde et désolée, où s'accumulent des briques et des pierres, et qui dépend de l'étage supérieur divisé en deux pièces, une petite et une grande, entièrement voûtées en plein cintre comme les maisons riches du Souf. Les fenêtres donnent l'une au sud-est, sur les cimetières, les trois autres, à l'est. Il y a trois lits français, une table ovale, des chaises, le tout sur une forte épaisseur de tapis... Avec un peu plus de goût vraiment arabe, ce local aurait grand air. Je voudrais pouvoir l'arranger à ma guise comme il le mérite. À côté, vers l'ouest, les hauts bâtiments de *toub* qui renferment les appartements de la *maraboute*. Au nord, la mosquée neuve avec sa grande coupole ronde, entourée d'autres plus petites, et, à l'intérieur, le tombeau de Sidi Mohammed Belkassem.

Rien de plus difficile à définir par un mot juste que la couleur décevante de ces montagnes des environs de Bou-Saada et de la route de Djelfa. C'est un brun lilâtre, avec des rayures et des léprosités d'un gris blanchâtre. Dans le lointain, ces montagnes du premier plan prennent une teinte très transparente, couleur carminée ou lie-de-vin pâle, tandis que celles de l'arrière chaîne sont d'un bleu intense. Les terrains apparaissent pierreux, ravinés, d'une effrayante stérilité et certes, rien, dans ce décor figé et pauvre, ne saurait faire prévoir l'agglomération si importante d'El-Hamel.

Je vais me coucher et me reposer, car demain il faudra me lever tôt pour voir la *maraboute*. Je rentrerai sans doute demain soir à Bou-Saada et tâcherai d'y arriver au *maghreb*. Après, j'aurai huit jours devant moi pour bien voir Bou-Saada et il ne faudra pas les employer en pure perte. Qui sait ? Il semblerait que, dans ma vie, je ne vais que *deux fois* dans chaque endroit : Tunis, le Sahel, Genève, Paris, le Souf... Qui sait si ce n'est pas mon dernier voyage à Bou-Saada ?

Vendredi en huit, je partirai avec des Arabes pour Had-Sahari. Il me faudra trois jours pour arriver à Boghar, un pour aller à Berrouaghia. Peut-être irai-je jusqu'à la *zaouia* des Aïssaouas dans les environs de Loverdo : comptons deux jours, et un pour le retour à Alger, cela ferait sept jours et en tout quinze jours pour être de retour à Alger où il me faudra bien rester cinq jours. Cela reporte mon retour à Ténès dans vingt jours, soit au 18 février.

Ainsi ma séparation de mon pauvre Ouïha chéri aura duré deux longs mois, car j'oubliais la visite probable au *cadi* de Médéah Abd-el-Moumen.

Les chiens aboient dans le silence au loin et on entend parfois le rauquement d'un chameau très proche...

Bou-Saada, le 31 janvier, samedi, 1 heure soir.

Hier, nous sommes rentrés d'El-Hamel vers 3 heures du soir, Ben Ali et moi.

Toutes les fois que je vois Lella Zeyneb, j'éprouve une sorte de rajeunissement, de joie sans cause visible, d'apaisement. Je l'ai vue hier deux fois dans la matinée. Elle a été très bonne et très douce pour moi et a manifesté sa joie de me revoir.

Visite au tombeau de Sidi Mohammed Belkassem, tout petit et tout simple dans la grande mosquée qui, achevée, sera très belle. Puis, été prier sur la côte en face du tombeau des pèlerins fondateurs d'El-Hamel.

Galopades sur la route, avec Si Bel-Abbés, sous l'œil paterne de Si Ahmed Mokrani. Il y avait des femmes de la maison de tolérance qui rentraient d'El-Hamel. Parées et fardées, assez jolies, elles sont venues fumer une cigarette auprès de nous. Fait la fantasia en leur honneur tout le long de la route. Beaucoup ri...

El-Hamel, vers le sud-est, ferme et commande des gorges longues et larges, très accidentées, au milieu desquelles se dresse un *kef* élevé et que ferme à l'horizon une montagne absolument conique, semblable à une *guemira*. Derrière s'ouvre, mystérieuse et immense, une plaine bleuâtre... Les maisons des Chorfa qui avoisinent la *zaouia* ont de hautes murailles revêtues de *toub* lisse jusqu'à mi-hauteur et dont le reste laisse apparaître le quadrillage des briques de *toub*. Ces maisons ont l'air de forteresses babyloniennes avec leurs carrés juxtaposés et leurs terrasses plates dominant les cours géométriques. Les amandiers qui dominent dans les jardins ne sont pas encore fleuris.

La légende des pèlerins d'El-Hamel me fait rêver. C'est certainement l'une des plus bibliques de l'Algérie...

Ce journalier commencé là-bas, sur la terre haïe de l'exil, pendant l'une des périodes les plus noires, les plus douloureusement incertaines et les plus fertiles en souffrances de ma vie, finit aujourd'hui.

Tout – et moi-même – est changé radicalement...

Depuis un an, je suis de nouveau sur la terre bénie de l'Afrique que je voudrais ne plus jamais quitter. Malgré ma pauvreté, j'ai pu encore voyager, voir des régions inconnues de la terre adoptive... Mon Ouïha vit et nous sommes matériellement, relativement, heureux...

Ce journalier, commencé il y a de cela une année et demie dans cette Marseille abhorrée, finit aujourd'hui par un temps d'une transparence grise, doux et comme pensif, à Bou-Saada, qui est encore un coin de ce Sud tant regretté là-bas !

Cette petite chambre du bain maure – qui ressemble bien à moi et à mon genre de vie – me devient familière. J'y vivrai encore quelques jours avant de partir, pour ce voyage de Boghar, dans des régions que j'ignore encore : un rectangle mal blanchi à la chaux, une petite fenêtre donnant sur la rue et la montagne, deux nattes par terre, une corde pour suspendre mon linge, un petit matelas déchiré sur lequel je suis assise pour écrire. Dans le coin, des couffins ; en face, la cheminée d'angle ; mes paperasses dispersées... C'est tout. Pour moi, cela me suffit.

De tout ce qui s'est passé durant ces dix-huit mois, il n'y a qu'un bien faible reflet dans ces pages écrites au hasard, aux heures où j'ai eu besoin de *formuler*. Pour un lecteur étranger, ces pages seraient même incompréhensibles presque toujours.

C'est, pour moi, un restant du culte de jadis pour le passé. Peut-être qu'un jour viendra où je cesserai de noter ainsi quelques pensées, quelques impressions, afin de les perpétuer pour un temps. Pour le moment, j'éprouve parfois une grande douceur à relire ces *Journaliers* des heures révolues.

Un grand silence, le silence du Sud, règne sur Bou-Saada. Certes, dans cette ville encore si éloignée du mouvement stupide du Tell, on sent bien peser la torpeur caractéristique du Sud. Dieu conserve encore longtemps Bou-Saada intacte !

Je vais commencer un nouveau journalier. Qu'aurai-je à y inscrire et où serai-je le jour encore lointain où, comme aujourd'hui celui-là, je terminerai ce volume encore blanc à cette heure du livre vague de ma vague existence ?

« Dieu connaît les choses cachées et la sincérité des témoignages ! »

POSTFACE

Autoportrait de l'auteur en jeune mariée

…« Le livre vague de ma vague existence… ». Isabelle Eberhardt a sans doute rempli de sa haute écriture violette un nouveau cahier d'écolier à carreaux, identique à ceux qu'elle aimait emporter avec elle en voyage. Cette rédaction de ses impressions, de ses sentiments ou de ses notes de route lui permet de penser, confie-t-elle. Mais le cahier dont elle annonce l'ouverture à la fin du quatrième journalier, en ce début 1903, n'a jamais été retrouvé.

Cent ans plus tard, seuls restent les quatre « journaliers » que vous venez de lire. Le mot « journaliers » est le sien. Après sa mort en 1904 dans la crue soudaine et violente de l'*oued* Sefra, (Sud Oranais), son mari les a conservés. En 1907, Slimène Ehnni meurt d'une tuberculose, les papiers, les cahiers et les quelques affaires laissés par Isabelle Eberhardt se retrouvent pêle-mêle dans un grand sac, dont on retrouve la trace un peu plus tard dans la famille de son mari. La notoriété de l'auteur due à ses articles dans la presse d'Alger, sa mort tragique, son originalité et, surtout, le succès de la publication posthume de son œuvre en librairie à partir de 1906, donnent avec le temps quelque valeur à ce fameux sac. En 1913, Chloé Bulliod, épouse d'un médecin d'Annaba (Bône), achète aux Ehnni les précieux documents et les confie à l'écrivain parisien René-Louis Doyon, lors d'un de ses passages en Algérie. Ce dernier lit, trie puis publie en 1923 les quatre fameux cahiers avec quelques commentaires, aux éditions de la Connaissance. Jusqu'à la Seconde Guerre mondiale, Isabelle Eberhardt reste un écrivain incontournable des lettres algériennes francophones, dont les œuvres sont sans cesse rééditées.

Depuis cinquante ans, comme par vagues successives, son personnage réapparaît sous des éclairages divers, ici et là. À la fois connu et inconnu, universel support de nos rêves d'existence hors du commun. Romans, biographies, publications… chacun y va de sa vision. Ces cahiers intimes ont reparu régulièrement, en France et dans plusieurs pays d'Europe, aux États-Unis et même au Japon, avec son œuvre littéraire, qu'ils éclairent à leur manière. Ils permettent d'assister à la naissance de l'écrivain côté cour. Un écrivain subversif pour l'Algérie coloniale, puisqu'elle ne trouvait d'intérêt qu'à l'« indigène ». Point de folklore là-dedans, mais une merveilleuse capacité de se placer du point de vue de l'autre, celui auquel elle veut ressembler. Une question d'attitude, lui valant en 1903 une campagne de calomnies plus dégradante pour ses responsables que pour leur victime, obstinément tournée vers la réalisation d'elle-même.

Jean-René Huleu et moi-même avons eu envie de marquer le centenaire de son œuvre en proposant des textes qui contiennent des réponses d'une émouvante actualité. Sa quête de la pensée, de la beauté, la nécessité du voyage pour l'accomplissement de soi-même, sa haine des bourgeois confits de certitudes, de leur matérialisme, sa foi naissante en l'amour et son intuition spirituelle, nous parlent au cœur depuis longtemps.

Relisant les *Journaliers* pour cette réédition, quinze ans après leur découverte, je me suis surprise à mieux distinguer la femme derrière l'apparition à demi fictionnelle de Mahmoud Saadi (ou Essadi, selon la transcription), faite pour la dissimuler. Comme les innombrables pèlerins anonymes du cimetière de sable d'Aïn Sefra depuis 1904, nous avions pu constater que cette double identité est gravée jusque sur sa pierre tombale, à la demande de celui qui deviendra le maréchal Lyautey, alors général en chef de la subdivision d'Aïn Sefra, qui aimait sa faculté à « hérisser les mandarins de tout poil ». Isabelle Eberhardt, épouse Slimène Ehnni, en lettres occidentales, peut-on lire sur la pierre et en même temps Mahmoud Saadi, en lettres arabes. Au pied du djebel Mekter, assailli par une langue de dunes, la tombe, un long rectangle entouré de deux pierres fissurées par le temps, est tournée vers La Mecque, comme toutes celles du cimetière. Je me souviens avoir été étonnée de constater combien elle était grande, parmi les autres.

À travers ces pages que l'on vient de lire, un siècle après leur rédaction, la femme se laisse donc secrètement redécouvrir. Son histoire s'amorce bien avant son arrivée au monde, en 1877. Isabelle, que son certificat de naissance donne comme sœur de sa mère, Nathalie de Moerder, née Eberhardt, est l'héritière d'une aristocrate russe en rupture avec son rang. Sa mère fut au début des années 1870 assez audacieuse pour quitter avec ses quatre enfants, son mari, un général du tsar, et s'installer en Suisse avec leur précepteur. Peu fréquent à l'époque. Amie intime de Lydia Paschkoff, voyageuse renommée du Paris de la Belle Époque, épouse elle aussi d'un général russe, Nathalie de Moerder est travaillée par cette idée de l'ailleurs qui hantait les consciences éclairées en cette fin de XIXe siècle, en Europe.

Elle entame à son tour le voyage et se rend d'abord de Saint-Pétersbourg à Genève, où naît Isabelle, de père inconnu. Vingt ans plus tard, en 1897, accompagnée de son compagnon et de sa fille, elle poursuit jusqu'à Bône, en Algérie. Un photographe itinérant leur a vanté cette destination ensoleillée et paisible et leur a trouvé une maison dans le quartier européen. Faute de journaux intimes, puisqu'ils ont disparu, la correspondance alors abondante de l'auteur [19] renseigne sur leur découverte du monde arabo-musulman.

Isabelle Eberhardt joue de sa double identité. Elle profite d'une voiture de louage pour faire disparaître sa robe et ses bas en échange d'un costume d'homme rapporté de Tunisie, qui lui permettra de participer à une fête arabe, de l'intérieur. Elle trouve son inspiration dans les *medersas* et les mosquées et fait en même temps un apprentissage mouvementé de l'amour. « Certes, j'ai tenu ma promesse, raconte-t-elle dans une lettre à un ami tunisien, je suis allée le retrouver là-bas, où nous sommes restés jusqu'à 7 heures du soir… Ce que ces cinq heures ont

---

19. *Écrits intimes*, « Payot Voyageurs ».

été pour moi, je vous le dirai un jour... Pas maintenant, c'est trop récent... Depuis lors je le vis deux fois par semaine, chez moi. Ma mère nous laissant libres, pour ne point nous causer de chagrin. Ces relations quasi conjugales durèrent deux mois...[20] » Et l'on voit sa mère accueillant avec naturel dans sa nouvelle maison du quartier indigène, le premier amant de sa fille, un jeune homme arabe, *oukil* judiciaire. Cette largeur de vue faisait jaser les colons. Les deux femmes affichent leur inclination et tournent délibérément le dos à la société européenne. Nathalie de Moerder, comme le racontera sa fille dans sa correspondance, a été enterrée peu après, en cette même année 1897 dans le cimetière musulman de Bône, sous le nom de Fatma Mannoubia.

Isabelle Eberhardt est la sixième enfant d'une mère que dans les *Journaliers* elle appelle « l'Esprit blanc », mots toujours écrits en russe dans le manuscrit. Le russe, langue maternelle. Elle entretient un respect affectueux pour sa mère, qu'elle prétendra vouloir venger. De quoi ? Nul ne l'a jamais su, depuis. Il y a là un secret, un fardeau, plutôt. Nicolas, Olga, Elisabeth, les aînés, ont rompu avec leur mère bien avant le départ pour Bône et sont retournés vivre en Russie. Un autre frère, Wladimir, se suicide au gaz, dans leur grande maison de Genève. Augustin, le plus proche, lui aussi se suicidera, mais plus d'une quinzaine d'années après la mort d'Isabelle Eberhardt. La dernière enfant de Nathalie de Moerder se sent investie d'une mission : vivre sa vie à fond.

---

20. *Ibid.* lettre à Ali Abdul wahab, datée en arabe du « 20 rabia el awwal ».

Grande, la voix rauque, elle apparaît furtivement à travers les descriptions de quelques journalistes ou écrivains qu'elle a rencontré, avant de devenir « un cas » suscitant les polémiques, de son vivant et bien au-delà de sa mort. Le plus sobre, Jean Rodes, alors reporter de guerre du *Matin* dans le Sud Oranais où sévit la guerre des tribus, raconte la scène suivante : « J'achevais de dîner quand on m'avisa du retour de mon visiteur. Je donnais l'ordre de l'introduire ; quelques instants plus tard je me trouvai en présence d'un robuste garçon imberbe, en costume de cavalier arabe, coiffé d'un turban entouré de cordelettes, en poil de chameau. "Madame Isabelle Eberhardt, n'est-ce pas ?" demandai-je. – "Elle-même" ».

Elle boit, se soûle à l'occasion, ne s'en cache pas, fume du tabac et du kif, mais sous sa défroque crédible d'homme arabe, existe bien une femme. La sœur aimante et compréhensive, parfois abusive, puis déçue par Augustin, avec lequel elle rêvait à Genève de composer un tandem d'écrivains. L'amoureuse, la sensuelle, qui laisse deviner de mystérieux amants au détour d'une phrase, dans des notes éparses. L'intuitive aussi ; ne dit-elle pas à plusieurs reprises dans ses carnets qu'elle s'étonne de sa capacité à deviner les événements de sa vie. Elle a écrit de belles pages qui racontent sa mort prochaine, dans les eaux, en plein désert... « Un grand silence pesait sur la *zaouia* accablée de sommeil. C'était l'heure mortelle de midi, l'heure des mirages et des fièvres d'agonie... Le vagabond était couché dans une *seguia*, sur de longues herbes aquatiques, molles et enveloppantes comme des chevelures de femmes. Une eau fraîche et limpide coulait le long de son corps et il s'abandonnait voluptueusement à sa caresse humide.... L'eau, l'eau bienfaisante, l'eau bénie des rêves délicieux... La nuit d'été, sombre et étoilée, tomba sur le désert. L'esprit du vagabond quitta son corps et s'envola pour toujours vers les jardins enchantés et les grands bassins bleuâtres du paradis des eaux...[21] »

Femme dans sa curiosité des autres, leurs différences, leurs amours, leur destin, aussi. C'est, vêtue en homme qu'elle entre dans les bordels, bien sûr, mais c'est en femme qu'elle y passe ses nuits, à questionner les prostituées, écoutant avec passion leurs récits tragiques, dont elle s'inspire pour de nombreuses nouvelles. Peu avant sa mort, ce sont encore les femmes qui lui fournissent l'envie d'un nouveau roman qu'elle n'aura pas le temps d'écrire. Elle est fascinée par les amoureuses qui suivent les soldats, spahis, goumiers ou mercenaires de l'armée coloniale, comme Marlène Dietrich dans *Morocco*, pieds nus, les talons à la main, parmi les chèvres et les cantinières, s'élançant à la suite de Gary Cooper, en légionnaire... Femme encore, forte de cette conscience nouvelle née de l'attentat de Béhima, précisément évoqué dans les *Journaliers*, recevant comme un homme l'initiation d'un *cheikh* de confrérie soufie, car le chef religieux l'accueille en toute connaissance de cause. Fascinante ambiguïté, que l'on retrouve dans les *Journaliers* où, à l'abri des regards, on la surprend à parler d'elle au féminin.

Ne tombez pas dans son piège : elle déclare d'abord haut et fort dans une lettre à Slimène qu'elle ira se marier

---

21. « Le paradis des eaux », nouvelle, à paraître en 2003 (Éditions du Centenaire).

à la mairie de Marseille, habillée en européen, complet sombre et chapeau d'homme sur sa tête aux cheveux rasés. « Moins cher », explique-t-elle. Mais sa correspondance révèle finalement un autoportrait en mariée tout à fait inhabituel : « J'ai été avec la sœur d'Hélène acheter un trousseau complet de femme : robe, bas, corset, gants, mouchoirs, jupons, voilette, souliers... La robe sera faite à mon goût... bleu très foncé, en jolie laine fine... Il me sera impossible de me marier en robe blanche : avec une robe de mariée, il faut la couronne de fleurs d'oranger et tout Marseille sait que nous avons vécu ensemble... Je ferai faire une robe dite demi-deuil avec un gilet en satin lilas. Je laisse pousser mes cheveux et, ce jour-là, je les ferai friser. Je me ferai faire un chapeau noir, en forme d'homme, garnis de lilas. Ce sera une toilette du plus grand goût et qui ne scandalisera au moins personne. D'ailleurs, ajoute-t-elle pour dissuader définitivement son futur mari, robe blanche et fleurs d'oranger ont été inventés par les prêtres et pour le mariage à l'église »...

Une autre chose me plaît à retenir des *Journaliers*, en opposition avec le goût russe de leur auteur pour le malheur et la fréquentation de la misère, c'est son humour. Un humour rare sous sa plume volontiers touchée par l'injustice, l'exil ou la solitude, mais réjouissant car il est chaque fois lié à son intimité érotique. C'est l'amoureuse, la mutine qui est joyeuse, car l'amour de Slimène l'épanouit. Mots doux, plaisanteries coquines, allusions grivoises, dévoilent sa nature sensuelle, sa liberté intérieure. Par ces quelques mots puisés dans son vocabulaire intime cette femme, amante plutôt qu'épouse, laisse deviner son aptitude au bonheur avec un homme, lorsqu'elle est assez en confiance pour trouver sa place. En termes amoureux, et exclusivement, elle se dit son esclave quand Slimène serait l'esclave de Dieu. Audacieux. En amour, j'ai tendance à penser que c'est la clé de la réussite. Écrivain subtil et doué, amante convaincue, courageuse et même intrépide, Isabelle Eberhardt, se révèle comme un personnage décidément très fréquentable, bien au-delà du temps...

Que cette voyageuse en quête d'elle-même, hantée par l'écriture, poursuive sa carrière littéraire en marge des grandes renommées éphémères, mais reste toujours au rendez-vous des valeurs sûres. Celles de l'esprit. C'est mon souhait tout personnel de bon anniversaire.

Marie-Odile DELACOUR

Repères biographiques

1872

Installation en Suisse de Nathalie de Moerder, née Eberhardt, épouse du général de Moerder, avec Alexandre Trophimowsky. Naissance d'Augustin de Moerder.

1877

Naissance d'Isabelle Eberhardt, le 17 février, à Genève.

1897

Mai : séjour à Bône (Annaba).
28 novembre : mort de Nathalie de Moerder.

1899

Le 15 mai, mort d'Alexandre Trophimowsky à Genève. Séjour d'Isabelle Eberhardt en Tunisie.
8 juillet : départ de Tunis pour le Sud Constantinois (Algérie). Première découverte du Sahara et d'El Oued.

1900

Janvier : voyage en Sardaigne. De février à juillet : entre Paris et Genève.
Août séjour à El Oued. Rencontre de Slimène Ehnni. Initiation à la confrérie des Kadriya.

1901

29 janvier : attentat à Behima.
18 juin : procès à Constantine de son agresseur, condamné aux travaux forcés. Expulsion d'Algérie et séjour à Marseille chez son frère Augustin.
28 août : Ehnni la rejoint à Marseille.
17 octobre : mariage civil à la mairie de Marseille.

1902

Janvier retour en Algérie. Installation du couple à la Casbah.
Juin, juillet : voyage à Bou-Saada et à El-Hamel. Rencontre avec Lella Zeyneb, maraboute de la confrérie des Rahmania.

1903

Janvier : deuxième voyage à Bou-Saada et El-Hamel.
Septembre : départ comme reporter de guerre dans le Sud oranais.
Octobre : rencontre avec Lyautey à Aïn Sefra.

1904

Voyage à Oujda (Maroc). Mai : séjour à Kenadsa.
Septembre : retour à Aïn Sefra et hospitalisation.

21 octobre : Isabelle Eberhardt meurt dans l'inondation d'Aïn Sefra.

1907

14 avril : mort de Slimène Ehnni.

1920

Suicide d'Augustin de Moerder à Marseille.

LEXIQUE DES MOTS ARABES

Acha : repas du soir.
Adjedj : vent, tourmente de sable.
Araba : attelage, charrette.
Ar'ar : tabac local.
Asr : prière du milieu de l'après-midi.
Bach-adel : responsable de caravanes.
Bach amar : guide de caravanes ou de convois.
Baraka : bénédiction divine, influence bienfaisante produite par un saint, vivant ou mort, ou par un objet sacré.
Bahri : vent marin humide.
Baroud : guerre, combat.
Benadir (ou *bendir*) : tambour nomade.
Berdha : bât de mulet. Nom expressif que donnent à leur sac les tirailleurs indigènes.
Berrania : étranger.
Bled : pays, campagne.
Bordj : place forte, bastion militaire, ferme fortifiée.
Btom : herbe.
Burnous : grand manteau de laine à capuchon.
Cadi : juge musulman.
Cahouadji : cafetier.
Caïd : chef de tribu nommé par la France pendant la colonisation.
Calam : roseau taillé pour écrire.

Chaouch : gardien, portier, appariteur.
Chechia : calotte de laine rouge.
Chehili : vent du désert.
Cheikh : chef de confrérie, professeur, directeur spirituel, vieil homme.
Cherif : descendant du prophète, chef par extension.
Chich : herbe du désert.
Chira : plante du désert.
Chott : lac salé.
Dar ed-diaf : maison communale réservée aux voyageurs.
Dar enneçara : maison des chrétiens.
Deira : garde municipal, gendarme.
Derouich (feminin *derouicha*) : homme ou femme vivant sa passion de Dieu dans une extrême pauvreté.
Diffa : repas donné en l'honneur d'un ou plusieurs hôtes voyageurs.
Dikr : formule rituelle et sacrée que prononcent les membres d'une même confrérie religieuse.
Djebel : montagne.
Djellaba : longue robe à capuchon.
Djemaâ : assemblée, mosquée.
Djerid : palmes.
Djich : pillage. Par extension, les pilleurs armés.
Djinn : esprit malin.
Djouak : flûte en roseau.
Douar : groupe de tentes, village.
Doum : plante du désert.
Diss : *idem*.
Drinn : herbe du désert.
Erg : région de dunes.
Fatiha : première sourate du Coran, litt. « ouverture ».
Feggaguir : système d'irrigation à partir de sources.
Fellah : paysan, cultivateur.

Fez : coiffure en feutre rouge.
Filali : cuir rouge du Tafilalet (Maroc).
Fondouck : abri prévu pour les voyageurs.
Gandoura : longue tunique en tissu léger.
Gasbu : instrument de musique.
Goum : contingent militaire composé de nomades dirigés par leur *caïd*.
Goumbri : petite guitare à deux cordes.
Goumiers : soldats arabes ou berbères réunis dans un *goum*.
Gourbi : maison sommaire.
Guemira : petite pyramide de pierres servant de repère.
Guennour : coiffure d'homme en turban.
Guerba : outre à eau faite en peau de chèvre.
Habou : sage, dignitaire religieux.
Haïk : châle, voile, tissu fin.
Hakem (pluriel *hokkam*) : administrateur.
Hamada : désert de pierres.
Hamman : bains maures.
Haram : interdit religieux.
Harara (pluriel *harair*) : longs sacs en laine noire et grise qu'on accouple sur le bât des chameaux.
Harki : bande armée, expédition.
Hartani (pluriel *harratine*) : noir, ancien esclave.
Hassi : puits.
Icha : prière du soir.
Imam : lecteur du Coran, responsable religieux à la mosquée.
Kuba : pierre sacrée de La Mecque.
Kachebia : sorte de robe.
Kanoun (ou *kenoun*) : petit fourneau en argile.
Kasbah (ou *casbah*) : à l'origine, place forte militaire (turc). Par extension vieille ville arabe.
Keram : figuier.
Khammes : métayer.

Khouan : membre d'une confrérie religieuse.
Khodja : secrétaire administratif, civil ou militaire.
Khôl : fard pour les yeux, poudre d'antimoine.
Koubba : sanctuaire consacré à un marabout.
Ksar (pluriel *ksour)* : village du Sahara.
Maghreb (ou *moghreb)* : heure du coucher du soleil.
Makam : sépulture du saint.
Makhzen : corps supplétif de la gendarmerie ou de l'armée, composé de ressortissants algériens. Désigne aussi la gendarmerie marocaine.
Marabout : saint de l'islam, ou lieu saint; tombeau.
Matara : outre pour conserver l'eau.
Mechta : hameau, ferme.
Meddah : rhapsodie arabe.
Medersa : école, université musulmane.
Mehari : chameau de course.
Mektoub : le destin, la volonté de Dieu.
Mella : galette que l'on fait cuire dans le sable.
Mihrab : niche indiquant, dans une mosquée, la direction de La Mecque.
Mlahfa : robe des femmes du Sud.
Mokkadem : directeur d'une *zaouia,* nommé par le *cheikh.*
Mokhazni : cavalier du *makhzen.*
Moueddhen (ou *mueddine)* : préposé à l'appel à la prière.
Mufti : dignitaire religieux attaché à une mosquée.
Naach : brancard de bois.
Naïb : dignitaire musulman, vicaire.
Nana : menthe.
Nefra : différend, combat, bataille.
Nouba : musique des régiments de tirailleurs africains.
Oudjak : fourneau des cafés maures, souvent garni de faïences.
Oued : cours d'eau.

Oukil : sorte d'administrateur chargé des affaires financières.
Qadri (ou *Kadri* ; pluriel *Qadriya, Kadriya*) : confrérie fondée par Abd el Kader Djilani de Bagdad.
Ramadan (ou *Ramadane*) : jeûne musulman.
Redir : flaque d'eau dans les terres argileuses.
Rezzou (singulier de *razzia*) : expédition de pillards contre une tribu, une bourgade, afin d'enlever les troupeaux ou le produit des récoltes.
Rhaita (ou *ghaita*) : sorte de clarinette.
Roumi : désigne les chrétiens (vient de Romain).
Sebkha : lac salé souvent asséché.
Seguia : canal d'irrigation à ciel ouvert.
Sloughi : race de chien du désert.
Sokhar : convoyeur responsable des chameaux.
Souafa : habitants de la région du Souf (Grand Erg oriental).
Soufia : femme du Souf.
Souk : marché arabe.
Taâm : nourriture.
Tabadji : marchand de tabac.
Taleb (pluriel *tolba*) : étudiant, lettré musulman.
Tarika : voie sprituelle.
Toub : argile séchée.
Turco : tirailleur de l'ancienne armée d'Afrique.
Zaouia : établissement religieux, école, siège d'une confrérie.
Zebboudj : olivier sauvage.
Zeriba : hutte construite en palmes séchées.
Ziara : pèlerinage sur le tombeau d'un marabout, offrande des pèlerins.
Zoual : premier appel à la prière.

Composition : Entrelignes (64)

Impression réalisée sur CAMERON par

BRODARD & TAUPIN
GROUPE CPI

*La Flèche
en mars 2002*

Imprimé en France
N° d'impression : 11910
Dépôt légal : mars 2002